마술사 유령들이 펼치는
오싹한 수학 마술이 궁금해?
나, 탐정 유령이 마술 속 수학의
비밀을 밝혀내도록 도와줄게.
단, 이것만 지켜 줘.

· 무작정 마술 따라 하지 않기!
· 수학의 비밀 소문내지 않기!
· 무섭다고 눈 가리지 않기!

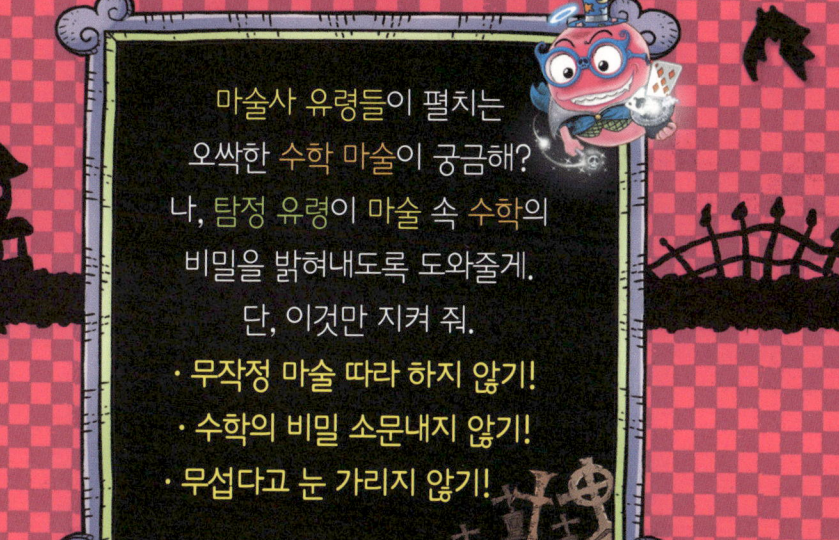

감수 · 이지연(수학영재교육원 강사 및 초등학교 교사)
2010년 서울교육대학교 졸업 후 현재 서울미동초등학교에서 학생들을 가르치고 있습니다.
서울특별시서부교육지원청 영재교육원(수·과학융합분야) 강사 및 서울특별시 지정 단위학교
수학영재학급 강사로 활동하고 있습니다.

지음 · 정재은
출판 편집과 방송 작가 등 여러 직업을 통해 얻은 경험을 바탕으로 어린이 작가로 활동 중입니다.
그동안 지은 책으로는 《수학이 궁금할 때 피타고라스에게 물어봐》《개념 쏙쏙 참 쉬운 수학》
〈스토리텔링 수학〉 시리즈의 《불가사의 수학》《스파이 수학》《바이킹 수학》《로봇 수학》 등이 있습니다.

그림 · 김현민
2000년 주간 〈아이큐 점프〉에 '비켜 비켜'를 연재하면서 데뷔하였습니다. 펴낸 책으로는 《퀴즈! 과학상식−곤충》
〈스토리텔링 수학〉 시리즈의 《미로 수학》《캠핑 수학》《게임 수학》《불가사의 수학》《로봇 수학》 등이 있습니다.

2015년 5월 30일 개정판 1쇄 펴냄
2021년 1월 20일 개정판 8쇄 펴냄

지음 · 정재은 **그림** · 김현민
감수 · 이지연(수학영재교육원 강사 및 초등학교 교사)
채색 · 최윤열

펴낸이 · 이성호
펴낸곳 · (주)글송이

편집/디자인 · 임주용, 최영미, 이강숙, 한나래
마케팅 · 이성갑, 윤정명, 이현정, 김병선, 문현곤, 조해준, 이동준
경영지원 · 최진수, 이인석, 진승현, 손가영

출판 등록 · 2012년 8월 8일 제2012−000169호
주소 · 서울시 서초구 능안말1길 1 (내곡동)
전화 · 578−1560~1 **팩스** · 578−1562
홈페이지 · www.gsibook.com

ⓒ글송이, 2015

ISBN 979−11−7018−033−3 74410
         979−11−86472−87−3 (세트)

*이 도서의 국립중앙도서관 출판시도서목록(CIP)은 서지정보유통지원시스템 홈페이지(http://seoji.nl.go.kr)와
국가자료공동목록시스템(http://www.nl.go.kr/kolisnet)에서 이용하실 수 있습니다. (CIP제어번호: CIP2015013894)

마술로 배우는 **스토리텔링 수학**

'데이비드 카퍼필드, 피터 마비, 이은결, 최현우······.'
이 사람들의 공통점은 무엇일까요? 이들은 세계적인 마술사지요.
마술사들은 화려하고 멋진 마술을 통해 사람들에게 즐거움과
놀라움을 선사합니다.
이렇게 신기하고 재미있는 마술 속에 우리가 딱딱하고 지루하다고
생각해 왔던 수학적 원리들이 숨어 있다는 사실을 알고 있나요?
실생활 곳곳에 수학적 원리가 숨어 있는 것처럼 마술에도 역시
수학적 원리들이 숨어 있답니다.
《수학 유령의 미스터리 마술 수학》을 읽으면서 마술에 숨어 있는
수학적 원리들을 찾아봅시다. 재미있는 스토리텔링 수학을 만나는
동안, 수학의 원리와 개념이 쉽게 이해되지요. 그래서 이 책을
다 읽을 때쯤에는 "수리수리마수리~ 내가 재밌는 수학 마술
보여 줄까?" 하고 친구들에게 수학 실력과 마술 실력을 모두
뽐낼 수 있을 거예요.
자, 그러면 지금부터 안천재와 탐정 유령, 그리고 새로운
유령 친구들과 수학 마술의 세계로 떠나 봅시다. 재미있는
마술 세계를 여행하면서 수학적 사고력과 창의성을 쑥쑥 키우세요.

수학영재교육원 강사 및 초등학교 교사 **이지연**

나쁜 마술사 유령이 나타났다!

수리수리 마술이 재미있다고?
마술사 유령을 만나면 생각이 좀 달라질걸!
마술사 유령이 보여 주는 신기한 마술에 넋을 잃는 사이,
유령 세계로 빨려 들어갈 수 있거든.
마술사 유령이 주문을 외면 끔찍하게 놀랄 일이 생겨나지.
무섭다고? 하지만 이제 와서 발뺌할 순 없어.
네 친구들과 유령 세계의 운명이 네 손에 달려 있거든.
나쁜 마술사 유령과 대결하여 네 친구들과 유령 세계를 구해 줘.
그렇지 않으면 어둠의 유령들이 너와 네 친구들의 꿈속을
휘젓고 다니며 끔찍한 유령 꿈을 꾸게 할 거야.
하지만 너무 떨지 마. 겁먹지도 말고.
나쁜 마술사 유령의 약점은 수학.
정신을 바짝 차리고 마술 같은 수학 실력을 뽐내면
우리가 이길 수 있어.
우리가 누구냐고? 바로 나, 수학 탐정 유령 마방진과
점점 수학 천재가 되어 가는 너, 안천재.

From 수학 탐정 유령

차례

프롤로그
마술사 유령에게 홀린 **안천재** … 9
　어느 수학자의 마술 사각형 · 17

② **수학 천재 진지한**의 숫자 마술 … 28
　스핑크스의 수수께끼 · 37

④ **어린이 유령들**의 통계 그래프를 비교하라 … 50

⑥ **유령 세계**를 지키는 **수학 스핑크스** … 73
　입체도형으로 만든 마술 방 · 81

⑧ **사다리타기 마술**로 핑크 공주의 조수가 되다 … 94
　마술 같은 우연의 일치 · 107

① **핑크 공주**의 마술 카페 … 18

③ **화분**에서 나온 마술사의 할머니 … 39

⑤ **마술 쇼**에서 갑자기 사라지는 아이들 … 60

⑦ **마술 왕 매직스**의 마술 비법을 훔쳐라 … 82

9 핑크 공주의 마술
방해 작전····108

10 매직스의 삼각뿔
마술 상자에 갇히다
····117

11 수학 스핑크스가 낸
두 번째 수수께끼
····128

어떤 수라도 1로 만드는
마술 계산·137

12 마술 왕 매직스의
수학 비밀····139

13 마술사 유령들이 펼치는
주사위 마술 대결
····148

마법사로 불린 수학자·159

14 천재와 핑크 공주의
칠교 마술 대결
····161

15 지한이의 놀라운
5초 계산 마술
····168

16 핑크 공주에게
내려진 큰 벌은?····176

숫자로 점을
치는 점술·185

초등 수학 교과
연계표·193

에필로그
또다시 찾아온
탐정 유령과의 이별
····187

프롤로그

마술사 유령에게 홀린 안천재

파르르 파르르.

갑자기 비둘기 수십 마리가 내 머리 위로 높이 날아올랐어. 영화에서 보면 멋있을 수도 있겠지. 하지만 난 닭, 오리, 비둘기 등 날아다니며 똥을 싸는 조류 따위는 다 무섭고 전에 머리에 새똥을 맞은 적이 있는데, 으웩!

나는 두 팔로 머리를 가리고 힘들게 걸어 화장실 코앞에 이르렀어.

화라라 화라락.

바람도 불지 않았는데 갑자기 꽃잎이 우수수 떨어졌어. 잘게 자른 색종이 뭉치가 하늘에서 떨어지는 것 같았지.

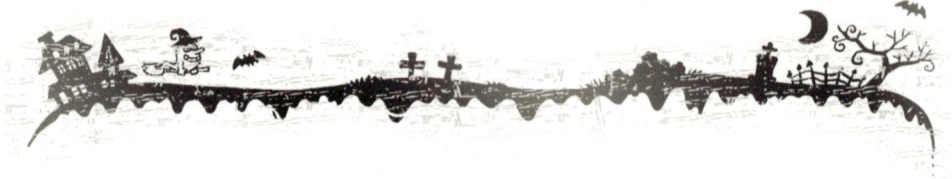

그것도 내 머리 위로만.
"와아!"
공원에 있는 사람들 모두가 나를 쳐다보았어. 산책 나온 강아지가 멍멍멍 짖었지.
나는 재빨리 화장실로 들어갔어.
"하! 살았다."
나는 화장실에 앉아 시원하게 볼일을 보았어. 화장지는? 물론 있지. 나는 배탈이 자주 나기 때문에 늘 화장지를 가지고 다니거든. 나는 바지 주머니를 뒤졌어. 그런데 늘 몇 장씩 넣고 다니는 화장지는 없고 꽃잎만 하나 나왔어.
며칠 전에 주운 화분에서 떨어진 꽃잎이 주머니에

와! 꽃잎 봐. 정말 예쁘다.

들어갔나 봐. 나는 꽃잎을 도로 쑤셔 넣고 점퍼 주머니를 뒤졌어.

오른쪽 주머니, 없어. 왼쪽 주머니, 없어. 땀이 삐질 났어. 비상용으로 넣어두는 안주머니에도……, 없어.

"아악!"

나는 그만 소리를 지르고 말았어. 도대체 여기저기에 넣어 둔 화장지들이 다 어디 갔을까?

그러고 보니 요즘, 물건들이 자꾸 없어져. 필통 속 연필들도 하나씩 사라지고, 새로 산 지우개도 없어지고, 얼마 전에는 일기장이 없어져서 집 안을 발칵 뒤집었지. 일기장은 신발장 속에서 나왔어. 없어진 물건들은 늘 엉뚱한 곳에서 나타났어. 엄마는 정신없는 '내 탓'이라며 내가 엉뚱한 곳에 흘렸다고 했어. 하지만 자기 일기장을 신발장 속에 넣어 두는 바보가 어디 있을까? 이건 분명 음모야. 어떤 거대한 힘이, 외계인이나 유령 같은 것들의 엄청난 힘이 나를 괴롭히는 거야. 왜?

그건 나도 알 수 없지만 언제부터였는지는 알 수 있을 것 같아. 화분, 그 화분을 주운 그날부터야.

그날 문구점 앞에서 핑크색 원피스에 핑크색 머리띠를 하고, 핑크색 신발을 신은 누나를 보았어. 너무 예뻐서 눈을 뗄 수가 없었지. 누나는 커다란 상자에 든 물건들을

죄다 땅바닥에 꺼내 놓고 무엇인가를 찾더니 다시 챙겨 들고 걸어갔어. 그런데 작은 화분 하나를 떨어뜨리고 갔지. 나는 소리쳤어.

"누나, 이거 떨어졌어요!"

나는 화분을 주워 들고 예쁜 누나를 쫓아갔어. 그런데 **모퉁이를 돌자마자 누나가 사라졌어**. 흔적도 없었지. 하는 수 없이 나는 화분을 집에 가져왔어.

그날부터였어. 내 물건이 사라지고, 꽃잎이 떨어지고, 비둘기가 날아가고……. 한번은 내 야구 모자 속에서 토끼가 나오기도 했어. 마술처럼.

그래, 마술처럼. 마술하다 죽은 유령이 씐 것처럼.

아, 아무튼 지금 중요한 건 그게 아니지. 화장지…….

"밖에 누구 없어요? 여기 화장지가 없어요."
나는 화장실 문을 두드리며 소리쳤어.
"안천재? 너, 천재지?"
화장실을 울리는 목소리. 하필 여자 목소리.
"똥 쌌는데 화장지가 없구나?"
하필이면 우리 반에서 공포를 즐기기로 유명한
공포의 여왕 주리의 목소리였어. 주리가 여자 화장실에
있다가 내 목소리를 들은 거야. 나는 창피해서 입을 꾹
다물었어.
"천재 아니야? 아니면 말고. 맞으면 화장지
가져다주려고 했는데."
화장지냐, 자존심이냐. 잠시 고민했지만 답은 이미 나와
있었어.
"부탁해."
주리는 남자 아이에게 부탁해 남자 화장실로 화장지를
넣어 주었어.
나는 몸은 한결 가벼워졌지만 마음은 엄청 무거워진
채로 밖으로 나왔어. 화장실 밖으로 막 한 걸음 뗐을 때
꽃잎이 우수수 내 머리 위로 쏟아졌지.
"와! 화장실에서 무사히 나온 걸 축하하는 꽃비인가 봐."

　주리가 킬킬거렸어. 제발 비둘기만은! 나는 속으로 간절히 빌었어. 그런데 내가 몇 발짝 떼기도 전에 비둘기 수십 마리가 내 머리 위로 날아올랐어.

"우와! 정말 축하할 일인가 보네?"

주리가 놀라면서 킬킬거렸어.

"다음은 뭐야? 모자에서 토끼가 나오고, 네 손에서 갑자기 장미꽃이 튀어나오는 거야? 알고 봤더니 네가 전설의 마술사고 뭐 그런 거?"

　주리의 말이 끝나기도 전에 바람이 획 불어서 내 모자가 날아갔어. 내가 모자를 주워 들었을 때 하얀 토끼가 모자

속에서 튀어나와 깡충깡충 풀밭으로 뛰어갔어. 나는 놀라서 손을 내저었지. 그때 내 손바닥 밑으로 튀어나온 빨간 장미꽃 한 송이.

주리의 눈이 엄청 커졌어.

"천재 너, 진짜 마술 배웠어? 나도 좀 가르쳐 주라. 응?"

"아니야, 내가 그런 거 아니야. 나 마술할 줄 몰라."

"웬 겸손? 그러지 말고 나 좀 가르쳐 줘. 나, 마술 학원에 다니고 싶은데 엄마가 안 보내 준단 말이야. 응?"

"아니라니까. 난 마술할 줄 몰라. 마술사 유령이라도 붙었는지 자꾸 이상한 일이 생긴다고."

"꺅! 마술사 유령이라고? 그냥 유령도 아니고? 진짜면 가만 안 둘 거야. 너무 부럽잖아. 어떻게 하면 마술사 유령이 붙는 거야, 응? 응? 응?"

주리에게 진드기 유령이 붙었나 봐. 나를 끝까지 쫓아오며 유령 타령을 해 대는 거 있지. 으이구.

어느 수학자의 마술 사각형

가로 9칸, 세로 9칸의 정사각형 표에 1부터 9까지의 숫자를 채워 넣는 퍼즐인 스도쿠는 일본의 퍼즐 잡지에 소개되어 전 세계적으로 인기를 끌게 된 숫자 퍼즐이다.

〈스도쿠〉

하지만 스도쿠를 처음 시작한 사람은 일본 사람이 아니라 18세기 스위스의 수학자 레온하르트 오일러이다. 스도쿠는 그가 생각해 낸 '마방진'에서 유래되었기 때문이다.

오일러는 정사각형 표에 특수한 규칙대로 글자 넣는 것을 연구했다. 특수한 규칙이란, 정사각형 표에 서로 다른 기호를 늘어놓을 때 각 행과 각 열에 어느 기호도 꼭 한 개씩만 나타나도록 하는 것이었다. 이 정사각형 표에 사용된 기호가 라틴 문자였기 때문에 '라틴 방진'이라고 했으며, 이것을 '라틴 사각형' 또는 '마술 사각형'이라고도 불렀다.

〈라틴 방진〉

오일러의 마술 사각형은 1970년대에 미국의 퍼즐 잡지에 숫자 퍼즐로 실리게 되었다. 그리고 1984년에 일본의 퍼즐 회사가 '스도쿠'라는 이름을 붙여 판매하여 인기를 끌었다.

1

핑크 공주의
마술 카페

학교 앞에 핑크색 가게가 생겼어. 처음에는 여자 아이들 리본 같은 거 파는 가게인 줄 알고 관심도 갖지 않았지. 그런데 커다란 핑크색 간판에 이렇게 쓰여 있는 거야.

'마술'이라고? 요즘 내 주변은 온통 마술 같은 일투성이야. 굳이 마술을 배우지 않아도……, 가만있어 봐. 진짜 마술사가 되면 마술 같은 일들을 싹 사라지게 만들 수

있을까? 나는 슬그머니 마술 카페 안으로 들어갔어.

　카페 안은 아이들로 북적북적했어. '핑크'나 '공주'와는 전혀 어울리지 않는 형들도 벽에 걸린 핑크색 마술 도구들에 정신을 쏙 빼고 있었어. 나도 카페를 둘러보았지.

　그때 갑자기 카페 안쪽에서 번쩍번쩍 불빛이 비췄어. 곧이어 **빰빠빰빠 나팔 소리**와 함께 '**핑크 핑크 마술 공주 핑크……**.' 라는 유치한 노래가 흘러나왔지. 카페에 있던 아이들은 카페 안쪽에 있는 무대를 쳐다보았어. 핑크색 프릴이 주렁주렁 달린 옷을 입은 누나가 춤을 추며 나타났어.

　앗! 그런데 핑크색 누나는 지난번에 화분을 놓고 간 바로 그 예쁜 누나였어.

　"어린이 여러분, 핑크 공주의 마술 카페에 온 것을 환영합니다."

　핑크 공주는 머리에 쓴, 묶은 게 아니라

쓴 게 분명한, 모자보다 더 큰 핑크색 리본을 흔들며 명랑하게 떠들었어.

"환영의 뜻으로 여러분께 장미꽃을 나누어 드릴게요."

핑크 공주는 핑크색 손수건을 팔랑팔랑 흔들었어. 혹시 저 손수건을 불에 태우면 장미꽃이 쏙 튀어나오는 시시한 마술?

핑크 공주는 라이터를 꺼내더니 손수건에 불을 붙였어. 손수건이 화르르 타오르자 '쨍!' 어디선가 들리는 심벌즈 소리. 그 소리와 함께 '짠!' 튀어나온 빨간 장미꽃.

"우와!"

텔레비전으로만 보던 마술을 실제로 보니까 엄청 신기했어. 특히 예쁜 핑크 공주가 마술을 부리니 더 멋있다고나 할까!

"장미꽃을 가질 사람?"

여기저기서 저요, 저요 하는 소리가 울려 퍼졌어. 나도 두 손을 번쩍 들고 '저요!'를 외쳤지. **핑크 공주는 마술봉으로 나를 가리켰어.** 그런데 내 옆에 있던 6학년 세운이 형이 벌떡 일어나는 거야.

"형, 나 가리켰는데요."

"아니야, 나야. 그렇죠? 핑크 누나?"

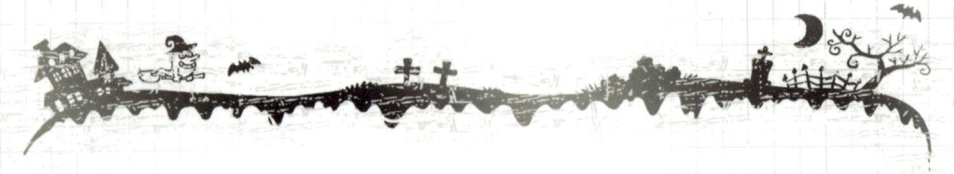

핑크 공주는 어깨를 으쓱했어.

"아무나 나와!"

세운이 형이 나보다 먼저 앞으로 뛰어나갔어.

"자, 마법의 장미꽃을 받고 나를 믿으렴! **나는 하늘 최고의 마술사 핑크 공주야.**"

하늘 최고면 지상 최고보다 더 높은 거 맞지? 핑크 공주는 정말로 훌륭한 마술사인가 봐.

핑크 공주는 세운이 형의 눈을 바라보며 물었어.

"핑크 공주의 마술을 믿니?"

형은 고개를 세차게 끄덕였지.

"그럼 너를 마술 나라로 보내 줄게. 이 무대에서 사라져 마술 나라로 가는 거야, 어때?"

세운이 형은 또 세차게 고개를 끄덕였어. 핑크 공주가 싱긋 웃으며 왼손을 위로 올렸어. 그 순간 이상하게 소름이 오싹

돌았어. 세운이 형이 정말로, 감쪽같이 없어져 버릴 것 같았지.

핑크 공주는 빨간 커튼을 좌르르 펼쳐 세운이 형을 완전히 가렸어.

"아직 안에 있지? 커튼을 흔들어 봐."

세운이 형이 커튼을 흔들자 빨간 커튼이 번들번들 물결쳤어.

> 주문을 외우면 사라진다! 내 나이를 3으로 나누면 2가 남고, 5로 나누면 4가 남고, 7로 나누면 1이 남는다. 내 나이는 스물둘!

어? 마술 주문이 왜 이렇게 어렵지? 수리수리마수리나 아브라카다브라 같이 쉬운 것도 많은데. 핑크 공주는 수학을 엄청 잘하나 봐.

핑크 공주는 긴 주문을 외운 뒤 한 손으로 커튼을 잡았어. 모두들 침을 꼴깍 삼켰어. 핑크 공주는 조금 더 뜸을 들인 뒤 빨간 커튼을 확 걷었어.

세운이 형이 멍청한 표정으로 우리를 쳐다보았어. 핑크 공주는 재빨리 커튼을 도로 닫았어.

"어? 왜 안 없어지지? 아니야, 처음부터 너무 잘되면

시시하잖아. 일부러 그런 거야, 하하."

핑크 공주는 놀라서 중얼거리다가 곧 새침한 표정으로 돌아왔어.

> 주문을 외우면 사라진다! 내 나이를 3으로 나누면 2가 남고, 5로 나누면 4가 남고, 7로 나누면 1이 남는다. 내 나이는 스물넷!

핑크 공주는 또 커튼을 걷었어. 하지만 형은 여전히 거기 서 있었지.

"핑크 공주님! 나는 언제 사라져요? 누나 진짜 마술사 맞아요?"

"맞거든!"

핑크 공주는 얼굴이 시뻘게져서 다시 커튼을 닫았어.

도대체 뭐가 문제지? 나는 핑크 공주의 주문을 따라 외워 봤어. 문제는 아주 간단했어. 나는 손을 번쩍 들고 외쳤어.

"저기요, 핑크 공주님! 주문이 잘못됐어요. 답이 틀렸어요."

핑크 공주의 얼굴이 더욱더 시뻘게졌어. 눈은 마녀처럼 위로 쭉 올라갔지.

"너, 나와 봐. 내가 뭘 틀렸다고?"

핑크 공주가 날카롭게 물었어. 난 핑크 공주를 도우려는 건데 핑크 공주의 기분이 상한 걸까? 마술이 성공하면 핑크 공주의 기분이 좋아질 것 같아서 나는 재빨리 말했지.

"계산이 잘못되었어요. 맞는 주문은 이거예요."

> 주문을 외우면 사라진다! 내 나이를
> 3으로 나누면 2가 남고, 5로 나누면 4가 남고,
> 7로 나누면 1이 남는다. 내 나이는 스물아홉!

"흥! 네가 마술 주문을 어떻게 알아? 이건 **마술 왕 매직스**한테 훔친……, 아니다. 커튼을 걷어 보면 알 수 있겠지?"

핑크 공주는 나를 노려보며 커튼을 확 걷었어. 세운이 형은 없었어. 세운이 형이

사라진 거야.

"와아! 와아!"

"안천재, 대단한데? 수학만 잘하는 줄 알았더니, 마술도 천재네!"

아이들이 소리쳤어.

나는 어색하게 웃으며 아이들에게 손을 흔들어 줬어. 핑크 공주에게도 미소를 날려 주었지. 내가 도와서 마술이 성공했잖아.

그런데 핑크 공주는 자존심이 좀 상했나 봐. 얼음처럼 찬 손으로 내 손목을 꽉 잡고 이렇게 묻는 거야.

"어떻게 알았지?"

"뭐, 뭘요? 주문요? 그건 **수학 공부**를 열심히 하면 다 알 수 있어요."

핑크 공주는

내 손목을 놓아 주었어. 하지만 손목의 찬 기운은 쉽게 가시지 않았지.

핑크 공주의 마술 주문은 왜 틀렸을까?

3으로 나누면 2가 남고, 5로 나누면 4가 남고, 7로 나누면 1이 남는 수를 찾아보자. 먼저, 3으로 나누면 2가 남는 수를 찾으려면 3의 배수에 2를 더하면 되겠지?

3의 배수	3	6	9	12	15	18	21	24	27	30	……
3의 배수+2	5	8	11	14	17	20	23	26	29	32	……

마찬가지로, 5로 나누면 4가 남는 수는 5의 배수에 4를 더한 수야.

5의 배수	5	10	15	20	25	30	35	40	……
5의 배수+4	9	14	19	24	29	34	39	44	……

7로 나누면 1이 남는 수는? 맞아. 7의 배수에 1을 더한 수겠지.

7의 배수	7	14	21	28	35	42	49	……
7의 배수+1	8	15	22	29	36	43	50	……

세 가지 경우에 모두 해당하는 수는 29야. 정말 29가 맞는지 궁금하면 직접 나누어서 확인해 봐.

2
수학 천재 진지한의 숫자 마술

학교 가는 길에 핑크 공주의 마술 카페를 보고 깜짝 놀랐어. 아침인데도 사람이 정말 많았거든. 지한이도 놀랐나 봐.

"와! 다들 마술을 정말 좋아하는구나! 하긴 마술은 기분 좋은 쇼니까."

"난 마술이 너무 싫어."

말은 그렇게 하면서도 난 마술 카페 유리창에 코를 딱 붙이고 들여다보았어. 핑크 공주를 보려고……. 아! 화분을 돌려줘야 하는데, 화분을 일부러 가져간 것으로 오해할까 봐 돌려줄 수가 없네. 나는 마술봉을 흔들며 웃고

있는 핑크 공주를 넋을 잃고 바라보았어.

"어? 천재야, 뭐 해?"

주리가 마술 카페에서 튀어나왔어.

"핑크 언니가 또 사라지는 마술을 보여 줬는데 봤어? <u>우리 반 도현이가 감쪽같이 사라졌어.</u> 너무 재밌다. 나도 마술 배우고 싶어. 언니는 핑크 공주니까 나는 오렌지 공주를 할까?"

주리는 들떠서 종알종알 떠들었어. 나는 주리가 오렌지색 옷을 입고, 오렌지색 리본을 달고, 오렌지색 마술봉을 흔드는 모습을 상상했어. 내가 주리의 우스꽝스러운 변신을 상상하는 사이 어느새 우리는 학교에

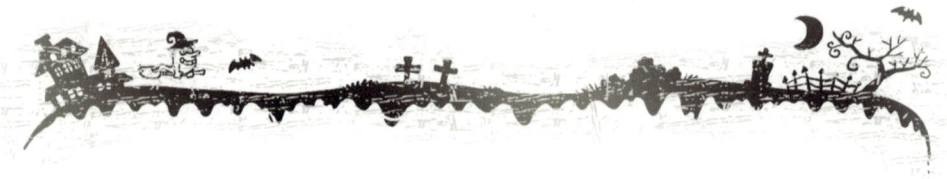

도착했어. 교실에 들어서자 지한이가 의외의 말을 했어.

"나한테 마술 배울래? 나도 마술 좀 하는데."

지한이가 마술을 한다고? 비과학적인 것은 거들떠보지도 않는 애가?

"와! 보여 줘, 보여 줘."

주리가 지한이를 재촉했어. 지한이는 음음, 목을 가다듬고 말했어.

"좋아. 난 사람의 마음을 읽는 **독심술**을 할 줄 아는 마술사야. 지금부터 내 말에 집중해."

주리가 눈에 힘을 주고 고개를 끄덕였어.

"자, 2부터 9까지 숫자 중 하나를 생각해."

주리가 눈동자를 굴리더니 곧 고개를 끄덕였어.

"좋아. 그 숫자에 9를 곱해. 두 자리 수가 나오지? 그 수의 십의 자리와

일의 자리의 숫자를 더해. 다시 한 자리 숫자가 되지? 그 숫자에서 4를 빼."

 주리는 암산이 잘 안 되는지 고개를 갸웃거렸어. 지한이가 웃으면서 수첩과 연필을 내밀었지. 주리는 숫자를 계산해 적었어. 물론 지한이에게는 안 보여 줬지. 내게도. 사실 나도 머릿속으로 숫자를 골라서 계산하느라 바빴어. 나도 모르게 지한이의 말에 따라 숫자를 고르고 계산을 하게 되더라고. 이제 보니 지한이는 정말 마술사 아니야? **수학을 공부하게 만드는 마술사.**

 "이제부터 더 집중해서 생각해야 해. 1은 a, 2는 b, 3은 c, 4는 d, 5는 e……. 이렇게 숫자와 알파벳을 연결할 거야. 네가 고른 숫자에 해당되는 알파벳이 뭔지 알겠어?"

 주리는 한참 생각하다 고개를 끄덕였어. 나도 고개를 끄덕였지.

 "그 알파벳으로 시작하는 동물을 생각해 봐. 네발 달린 동물로."

 주리가 한참 생각하고 말했어.

 "생각했어."

 나도 속으로 생각해 뒀어.

 "이제 맞혀 볼게. 네가 생각한 동물은 elephant,

코끼리야. 맞지?"

주리의 눈이 동그랗게 커졌어. 내 눈도.

"와! 어떻게 알았어? 진짜 신기하다. 너 진짜 마술사 맞구나? 공부만 하는 줄 알았더니 신통방통하네."

주리가 방방 뛰었어. 나도 방방 뛸 뻔했어. 내가 생각한 동물과 주리가 생각한 동물이 같았거든.

나는 주리가 듣지 못하게 지한이에게 슬쩍 물었어.

"지한아, 나도 elephant를 생각했어. 주리랑 나, 혹시 천생연분일까?"

"그렇다면 거의 모든 사람이 네 천생연분일걸?"

지한이는 깔깔거리며 자리로 갔어. 나는 어리둥절해서 한참을 서 있었어. 그러다 깨달았지. 지한이의 숫자 마술은

숫자의 특성을 이용한 것이었지. 이런 마술이라면 나도 얼마든지 할 수 있는데. 그나저나 주리랑 결혼해야 하는 줄 알고 괜히 고민했네. 한편으로는 마음이 놓이고, 한편으로는 이상하게 섭섭했어.

그런데 내 자리로 가던 나는 이상한 느낌을 받았어. 나는 **날카로운 매**의 눈으로 교실을 훑어보았어. 우리 반은 모두 스물일곱 명. 네 명이 한 조가 되어 마주 보며 앉고, 나머지 세 명이 한 조가 되어 뒷문 쪽에 앉았지. 그런데 뒷문 쪽 조에 책상이 2개뿐인 거야. 책상 하나가 어디로 갔지? 그 책상 주인이 누구였더라?

"도현이. 도현이 책상이 없어."

아무도 내 말에 귀를 기울이지 않았어.

"주리야, 도현이 책상이 없어. 아침에 핑크 공주의 마술 카페에서 만났다고 했잖아. 핑크 공주가 도현이를 사라지게 했다며……."

주리는 나를 이상하다는 듯이 쳐다봤어.

"핑크 공주가 사라지는 마술을 보여 주긴 했는데, 왜 그래? 도대체 도현이가 누구야? 네 상상 친구냐? 유치원생도 아닌데 상상 친구라니 너무 유치하다."

주리는 깔깔 웃었어. 이렇게 심각한 상황에.

나는 교실 문을 박차고 나가 세운이 형의 교실로 뛰어갔어. 핑크 공주의 마술로 맨 처음 사라진 사람이 세운이 형이잖아. 딩동댕동 시작종이 울렸지만 나는 6학년 3반 교실의 앞문을 벌컥 열고 외쳤어.

"세운이 형! 세운이 형 있지?"

"넌 누구니? 왜 너희 교실에 안 가고 여기 왔니? 무슨 일이야?"

6학년 3반 선생님의 눈이 휘둥그레졌어.

"세운이 형이 있는지만 확인할게요. 형, 세운이 형!"

"무슨 뚱딴지 같은 소리야? 우리 반에 세운이라는 학생은 없단다. 어서 너희 반으로 돌아가."

하는 수 없이 우리 교실로 돌아왔어. 벌써 1교시가 시작되었어. 자리에 앉아 책을 펼쳤지만 내 머릿속은 엉망으로 엉클어졌어. 도현이와 세운이 형은 어디로 사라졌지? 왜 아무도 눈치채지 못하는 거야?

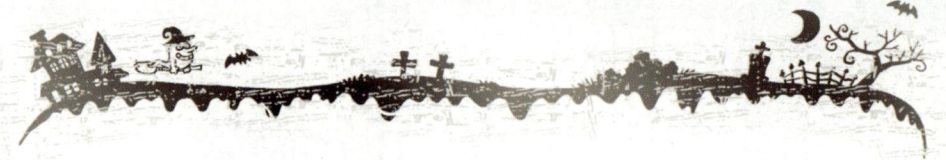

핑크 공주가……, 그런 건 아닐 거야. 그 누나는 예쁜 마술사야. 애들을 없어지게 하는 나쁜 사람이 아니라고. 절대로!

지한이 마술의 비밀은?

지한이 마술의 비밀은 마술 숫자 9에 있어. 9의 배수의 각각의 자릿수 숫자를 모두 더하면 항상 9가 되거든.

$$9 \times 2 = 18 \rightarrow 1+8=9$$

$$9 \times 3 = 27 \rightarrow 2+7=9$$

$$9 \times 4 = 36 \rightarrow 3+6=9$$

이 규칙을 이용하려면 처음 고른 숫자에 9를 곱하여 9의 배수를 만들면 돼.

♣ 숫자 마술 따라 하기

① 2부터 9까지의 숫자 중 하나를 고른다. ➡ 예를 들면, 6
② 그 숫자에 9를 곱한다. ➡ 6×9=54
③ 두 자리 수의 앞, 뒤 자리를 더한다. ➡ 5+4=9
④ 나온 결과에서 4를 뺀다. ➡ 9-4=5
⑤ 1은 a, 2는 b, 3은 c, 4는 d, 5는 e……. ➡ 5니까 e
    e로 시작되는 동물은 몇 안 돼.
    eagle(독수리), elephant(코끼리)가 있는데,
    네발 달린 동물은 elephant이지.

이 마술은 누구에게 해도 'elephant'란 답이 나올 거야.

스핑크스의 수수께끼

그리스 신화에 머리는 사람이요, 몸은 사자인 괴물 스핑크스가 등장한다. 스핑크스에게는 고약한 취미가 있었다.

지나가는 사람들에게 수수께끼를 내고, 못 풀면 잡아먹는 것이다.

"아침에는 네 발로 걷고, 점심에는 두 발, 저녁에는 세 발로 걷는 것은?"

많은 사람이 이 수수께끼를 풀지 못해 목숨을 잃었다.

어느 날, 오이디푸스라는 자가 지나가다 수수께끼를 풀었다.

"정답은 사람이다. 어려서는 네 발로 기고, 젊어서는 두 발로 걷고, 늙으면 지팡이를 짚으니 세 발로 걷는다."

약이 오른 스핑크스는 스스로 목숨을 끊었다.

스핑크스의 수수께끼는 또 있다.

"언니는 동생을 낳고, 동생은 또 언니를 낳는다. 언니와 동생은 무엇이냐?"

정답은 낮과 밤이다. 또 낮과 밤은 되풀이되니 시간도 정답이라 할 수 있다.

화분에서 나온 마술사의 할머니

  나는 마술 카페 유리창에 얼굴을 대고 카페 안의 핑크 공주를 쳐다보았어. 핑크 공주가 느닷없이 날 쳐다보았어. 눈이 마주쳤다고 생각한 순간, 강력한 힘이 나를 끌어당겼어. 내 몸은 마치 진공청소기에 빨려 들어가는 것처럼 어디론가 쑥 빨려 들어갔다 갑자기 툭 떨어졌어.

  몸서리치며 눈을 떠 보니 내 침대였어. 내 눈앞에 둥실둥실한 몸매, 머리에 비해 너무 작은 모자, 툭 불거진 동그란 눈, 둥둥 떠 있는 다리가 보였지. 순간 내 머릿속에 딱 떠오르는 세 글자. **마방진**.

"마방진 탐정 유령이 왜 여기에?"

"앗! 기억났구나! 나야 나, 네 절친 탐정 유령. 나 보고 싶었쪄?"

탐정 유령은 몸을 비비 꼬며 애교를 부렸어. 어떤 유령, 드라큘라, 귀신을 만난 것보다 더 소름이 쫙 끼쳤지. 나는 다가오는 탐정 유령을 확 밀쳤어.

탐정 유령은 잊을 만하면 나를 찾아와 괴롭히는 진드기 같은 유령이야. 자기가 명탐정 홈즈를 능가하는 최고의 탐정이라면서, 정작 어려운 일이 생기면 도와 달라고 나를 달달달 볶아 댔지.

"저리 가요. 도대체 왜 자꾸 나타나는 거예요?"
"미안 미안. 그렇잖아도 자꾸 네 기억을 없앴다 살렸다 하는 게 좀 걱정은 돼. 자꾸 그러면 바보가 된다더라고!"
"바보라고요?"
"**헤헤, 걱정 마. 농담이야.** 네 기억력과 건강에 아무 해도 안 끼칠 거야. 근데 마술 왕의 화분은 어딨어? 거기 마술 왕 매직스의 할머니가 살고 있단 말이야. 그 할머니는 화분 밖으로 나올 수 없거든."

화분이라면 핑크 공주가 떨어뜨린 것밖에 없는데. 나는 햇볕 받으라고 베란다에 내놓은 화분을 가지고 들어왔어. 마방진은 화분에 핀 노란 꽃에 커다란 제 얼굴을 들이대고 소리를 질렀어.

"아유, 이걸 베란다에 내놓으면 어떡해? 할머니 얼굴 다 탔겠네. 할머니, 할머니 괜찮으세요? 매직스가 할머니를 애타게 찾고 있어요."

"우리 손자가 뭘 어쩐다고?"

노란 꽃잎이 바르르 떨리더니 할머니 유령이 부풀어 올랐어. 진짜 풍선처럼 유령 꼬리는 꽃에 달린 채 몸만 두둥실 떠 있는 거야. 흡, 숨이 막혔지. 하지만 비명을 지르거나 쓰러지지는 않았어. 나는 언제 어디서 유령이

나타나도, 변기에서 손을 내밀고 **'빨간 휴지 줄까, 파란 휴지 줄까?'** 으스스하게 말해도 쓰러지지 않아. 유령을 하도 많이 봐서 담력이 엄청 세졌거든.

"할머니 손자 마술 왕이 할머니를 찾고 있다고요. 핑크 공주가 훔쳐 갔다면서 왜 여기 계세요?"
 탐정 유령은 나한테와 달리 할머니한테는 매우 다정했어. 경로 우대는 확실히 아는 유령인가 봐.

"저 녀석이 날 구해 줬어. 아주 착한 아이야. 그래서 내가 마술 가루를 나눠 주었지."

할머니는 탐정 유령에게 내 칭찬을 늘어놓았어. 그러고는 아주 인자한 표정으로 나를 쳐다보며 말했지.

"아가, 요즘 네 주위에 마술 같은 일이 생기지 않던? 그게 다 내 마술 가루 덕분이란다."

세상에! 저 할머니 유령이 세운이 형이랑 도현이를 사라지게 한 거야? 얼굴은 천사표 할머니 같은데 너무해!

"세운이 형이랑 도현이는 어디 있어요? 왜 아이들을 사라지게 한 거예요? 할머니는 유괴범, 납치범이에요."

나는 할머니한테 큰 소리로 따졌어. 할머니는 꽃 속으로 쏙 들어가 버렸어. 나는 꽃에 얼굴을 들이대고 소리쳤지.

"어서 나와요. 아이들을 돌려줘요. 안 그러면 이 꽃을 따 버릴 거예요."

"천재야, 무슨 오해가 있나 봐. 할머니는 좋은 유령이야."

탐정 유령은 나를 뜯어말렸어.

"아가, 난 꽃비를 내리고, 모자에서 토끼를 튀어나오게 하고, 비둘기를 날려 보낸 잘못밖엔 없다. 아이를 사라지게 만드는 마술 같은 건 할 줄도 모른단다."

노란 꽃이 할머니 입처럼 벙긋거렸어. 나는 비로소 뒤로

물러났어. 할머니는 다시 풍선처럼 부풀어 올랐어.

"아가, 뭔 일 있는 거야? 얼굴빛이 안 좋구나. 이럴 땐 마술로 기분을 푸는 게 좋아. 내가 마술 하나 보여 줄까? 우리 손자가 가르쳐 준 마술이란다."

할머니는 다시 화분으로 쏙 들어가 동전과 실을 꺼내 왔어. 작은 화분에서 커다란 할머니 유령부터 실, 동전까지 나오는 걸 보니 정말 마술 화분인가 봐.

"이 동전은 자유자재로 줄타기를 할 수 있단다. 절대 떨어지지 않아요."

할머니는 동전을 가느다란 실 위에 올리더니 오른쪽, 왼쪽으로 굴렸어. 아주 빨리 굴려도 동전은 떨어지지 않고 매끄럽게 굴렀지. 나는 깜짝 놀라 물었어.

"어, 어떻게 안 떨어질 수가 있죠?"

"비밀이지. 이건 마술이잖냐. 그것도 유령 세계의 마술 왕 매직스가 가르쳐 준 동전 마술."

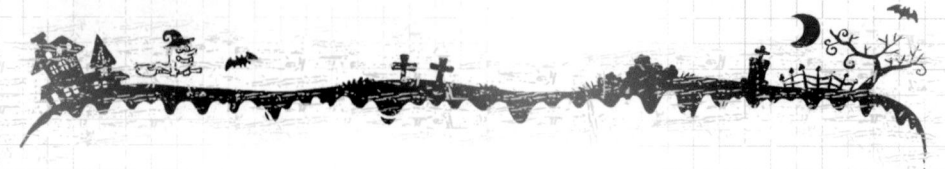

할머니는 입가에 쭈글쭈글 주름을 만들며 웃었어.
"쳇, **동전 마술**이라면 나도 좀 해요."
나는 동전을 20개 가지고 와 눈을 감고 말했어.
"1에서 10까지의 숫자 중 가장 좋아하는 숫자만큼 동전을 가져가세요."
"진짜 가져도 된단 말이냐? 안 아깝겠어?"
할머니가 동전을 진짜 가져가면, 그것도 500원짜리만 골라 가면 아까울 것 같았지만 참기로 했어.
"가져갔어요? 남은 동전이 몇 개인지 센 다음, 그 수의 일의 자리와 십의 자리 숫자를 더하세요. 더해서 나온 수만큼 동전을 또 가져가세요."
아유 참, 난 왜 동전을 자꾸 가져가라는 마술을 시작했을까? 동전을 내놓으라는 마술을 하면 마술도 하고 돈도 벌 텐데.
"좋아, 가져갔다. 정말 아깝지 않은 게지?"
할머니가 웃으면서 말했어. 돈을 가져가서 좋은가 봐.
"남은 동전 가운데 가져가고 싶은 만큼 손에 쥐세요. 그럼 몇 개를 쥐었는지 내가 맞힐게요."
나는 눈을 떴어. 책상 위에 남은 동전은 달랑 10원짜리 하나. 할머니는 보기보다 욕심쟁이였어. 어휴, 나는 한숨을

한 번 쉬고 할머니 손에 쥔 동전이 몇 개인지 계산했어.

"음, 할머니 손에 있는 동전…… 하나가 보이고, 또 하나, 또 하나, 모두 8개예요."

이번에는 할머니 눈이 동그랗게 커졌어.

"어이구! 우리 손자만 마술을 잘하는 줄 알았더니 너도 제법 마술을 하는구나."

나는 어깨를 으쓱해 줬어.

"자, 마술 쇼는 이제 그만하고 어서 돌아가요, 할머니. 마술 왕한테 오늘 내로 할머니를 찾아온다고 약속했어요. 천재야, 내 말을 따라 해라. 눈을 감으면 뭐가 보이니?"

탐정 유령은 내 기억을 지우려고 했어. 다음에 또

나타날지도 모르면서.

"됐어요. 내 기억은 그대로 두세요. 담에 나타날 때 또 생각나게 하려면 번거롭잖아요."

"하지만 그건 유령 강령(유령 세계의 법칙이나 규칙)에 어긋나는데?"

그래도 나는 고개를 저었어.

"그래! 법을 살짝 어긴다고 별일 있겠어? 히히히."

탐정 유령은 귀신처럼 웃으며 할머니 유령과 함께 사라졌어.

"그래도 다신 오지 마요. 난 초등학생이라고요. 유령들하고 놀기엔 너무 젊어요!"

나는 탐정 유령이 사라져 간 천장을 향해 손을 흔들었지. 그때 천장에서 동전 하나가 떨어졌어.

"뭐야, 할머니. 이건 가짜 동전이잖아!"

동전은 실 위를 자유롭게 움직일 수 있게 만든 가짜 동전이었어. 이런 동전이라면 나도 마술을 할 수 있겠다. 당장 실을 꺼내서 동전을 올렸어. 의외로 쉽지 않았어. 동전 옆면을 따라 홈이 있지만 실 위에서 자꾸 미끄러져

떨어졌거든.

"할머니 인정! 동전은 가짜지만 기술이 필요하니까 마술로 인정할게요, 인정!"

나는 천장을 향해 엄지손가락을 들어주었어.

천재의 동전 마술 비법은?

두 자릿수 이상의 숫자에는 마술 법칙이 있어. 각각의 자릿수 숫자를 모두 더한 뒤 그 합계를 원래 숫자에서 빼면, 답은 항상 9의 배수가 나오지. 이 마술 법칙을 천재가 사용한 거야.

$$13 \rightarrow 1+3=4$$
$$13-4=9$$

♣동전 마술 따라 하기

① 1에서 10까지의 숫자 중 가장 좋아하는 숫자를 고른다.
  ▶예를 들면, 5
② 20개의 동전에서 그 수만큼 뺀다. ▶남은 동전은 15
③ 두 자릿수를 더한다. ▶1+5=6
④ 남은 동전 수에서 15의 두 자릿수를 더한 값을 빼면 항상 9개의 동전이 남는다. ▶15-6=9
⑤ 9개의 동전에서 원하는 만큼 동전을 가져가고 남은 동전의 개수를 빼면 가져간 동전의 개수를 알 수 있다.
  ▶1개가 남았으면 가져간 동전은 9-1=8(개)

어린이 유령들의 통계 그래프를 비교하라

"천재야! 우리 둘은 참 잘 어울려, 그렇지?"

핑크 공주의 달콤한 목소리에 눈을 떴어.

"네, 저도 우리가 잘 어울렸음 좋겠어요. 근데 키 차이가……."

핑크 공주는 키가 매우 커. 나는 까치발로 서도 핑크 공주의 어깨밖에 차지 않아.

"고작 키 따위가 우리 사이를 갈라놓는 거야? 걱정 마. 내가 마술로 내 키를 줄일 테니까."

핑크 공주가 마술봉을 톡톡 두 번 두드렸어. 침대 모양의 네모난 마술 도구가 놓인 무대가 나타났어.

 핑크 공주는 우아하게 무대로 올라가 마술봉을 휘둘렀어. 핏기가 하나도 없는 흰 얼굴에, 흰옷을 입고, 흰 장갑을 낀 조수 두 명이 나타났어.
 "천재야, 잘 보렴. 너를 위해 내 키를 줄일게."
 핑크 공주는 침대처럼 생긴 마술 도구 위로 올라가 누웠어. 마술 침대에 누워 왕자의 뽀뽀를 기다리는 백설 공주처럼 말이야. 그런데 조수들이 달려들어 핑크 공주의 손목을 묶었어.
 "핑크 공주님, 괜찮아요?"
 "걱정 마, 천재야. 내 마술을 믿니?"

나는 그저 고개를 끄덕일 수밖에 없었어.

조수들은 마술 침대의 뚜껑을 닫았어. 그리고 짜잔짠짠 요란한 음악을 틀어 분위기를 잡았어. 우아한 핑크 공주와 정말 어울리지 않았지.

"키가 줄어듭니다."

조수들은 핑크 공주의 머리 쪽과 발 쪽에 마주 서서 마술 침대를 힘껏 밀었어. 그러자 마술 침대와 함께 핑크 공주의 키가 쑥쑥 줄어드는 거야.

"어때? 이 정도면 너랑 맞을까? 아니야, 조금 더 줄어야겠다."

괜찮아요. 저, 그렇게 작진 않거든요. 속으로 외쳤어.

핑크 공주는 일곱 난쟁이의 막내만큼 키를 줄였어. 그러고는 나를 보고 활짝 웃었지. 울컥 눈물이 나왔어.

"핑크 공주님, 난 키 큰 핑크 공주님이 더 좋아요. 원래 키로 돌아와 줘요."

"정말? 힘들게 줄였는데. 네 소원이라면 좋아!"

조수들은 마술 침대 아래에 있는 손잡이를 쭉쭉 잡아당겼어. 핑크 공주는 다시 키가 쑥쑥 커졌지.

"어때, 천재야? 키 차이가 나도 우린 잘 어울리지?"

핑크 공주가 내 옆에 서서 물었어. 나는 고개를 들어

핑크 공주의 얼굴을 올려다보았지. 그런데 핑크 공주의 얼굴이 점점 더 멀어졌어. 핑크 공주는 키가 계속해서 쑥쑥 자라 천장에 닿았어. 핑크 공주는 천장을 뚫지 않으려고 허리를 굽혀 ㄱ자 모양으로 섰어.

"핑크 공주님, 어떻게 된 거예요? 지금도 마술하는 중이에요?"

"크하하하핫핫. 내가 아직도 핑크 공주로 보이냐?"

핑크 공주는 얼굴이 점점 일그러지더니 온몸이 핑크색으로 뭉개져 무대를 천천히 덮쳤어. 핑크색 페인트가 천장부터 바닥까지 끈적끈적 흘러내렸어. 으으윽…….

"안천재! 천재야, 일어나 봐."

괴로움에 몸부림치며

53

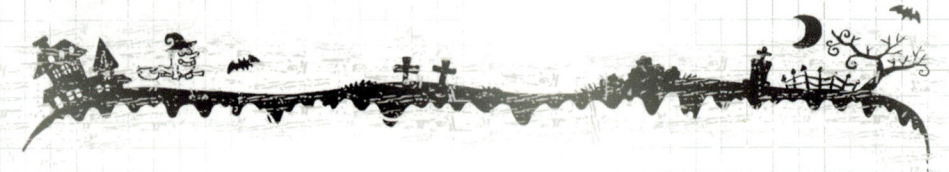

눈을 떴어. 둥실둥실한 탐정 유령이 나를 내려다보고 있었지. 핑크색 페인트와 핑크 공주는 흔적도 없이 사라지고 말이야.

"탐정 유령, 왜 또 왔어요?"

"유령 세계에 문제가 좀 생겼어. 혹시 네 주변에 갑자기 애들이 사라지고 그런 일이 있니?"

"어떻게 알았죠?"

벌떡 일어나 물었어.

"지금 유령 세계에서는 곧 열릴 유령 마술 왕 대회 준비가 한창이야. 유령 아이들이 심사 위원이 돼서 투표로 마술 왕을 뽑는 거야. 그런데 심사 위원이 될 14세 미만 유령 아이들 수가 갑자기 엄청나게 늘어났어."

"왜요?"

"핑크 공주가 인간 아이들을 유령으로 만들어 유령 세계로 보내는 게 분명해. 내 예리한 탐정 감각에 따르면 범인은 핑크 공주야."

"말도 안 돼요. 그렇게 예쁜 누나가 어떻게 나쁜 짓을 해요?"

탐정 유령의 말을 절대로 믿을 수 없었어. 천사같이 웃는 핑크 공주가 아이들을 유령으로 만든다고?

"내 말 잘 들어 봐. 그동안 유령 세계에서는 14세 미만 유령이 500명을 크게 넘지 않도록 엄격하게 제한하고 있었어."

"이 자료는 지난 5년간 14세 미만 유령의 수를 통계 내어 표로 나타낸 거야."

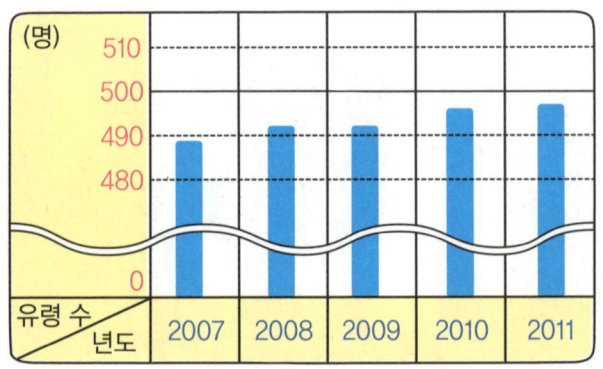

년도	2007	2008	2009	2010	2011
14세 미만 유령 수(명)	489	492	492	496	497

"막대그래프로 나타낸 자료를 보여 줄게. 한눈에 알아볼 수 있게."

〈연도별 14세 미만 유령 수〉

"요기 작년과 올해 그래프만 봐 봐. 오싹할 거야."
탐정 유령이 둥실한 볼을 축 늘어뜨리며 걱정스럽게 말했어.

완전 오싹하고 소름 끼치는 그래프야.

정말이지 나도 그래프를 본 순간 소름이 쫙 끼쳤어. 두 그래프는 거의 두 배 차이가 났거든. 어린이 유령이 작년보다 올해 두 배나 많아졌다는 거잖아.

그런데 그래프를 자세히 살펴보니 이상한 데가……

"탐정 유령님, 이건 속임수예요."

엄청나게 많은 아이들이 유령이 된 줄 알았더니 겨우 14명 늘어난 걸 가지고 호들갑이었어.

"지금은 열네 명이지만 점점 늘어나고 있다고. 핑크

공주가 마술로 아이들을 유령 세계로 보내고 있거든."

"아니에요. 핑크 공주는 어린이들에게 꿈과 희망을 주는 좋은 마술사예요."

"좋아. 내가 직접 보여 주지. 내가 어린이로 변신해서 핑크 공주의 마술 쇼에 참여해 볼게."

탐정 유령은 회오리바람처럼 호르르 호르르 돌더니 사람 어린이로 변했어.

얼굴은 둥실둥실, 눈은 동글동글, 배도 동실동실한 아주 착해 보이는 어린이로 말이야.

그래프의 함정

탐정 유령이 보여 준 막대그래프는 통계 숫자를 비교하기 쉽게 막대 그림으로 나타낸 거야. 말로 설명하거나 표를 그리는 것보다 그래프로 그리는 게 한눈에 비교하기 좋아.

년도	2007	2008	2009	2010	2011	2012
14세 미만 유령 수(명)	489	492	492	496	497	511

이 표를 보고 꺾은선그래프로 나타내 볼까? 두 눈금에 맞춰 그래프를 그려 보자.

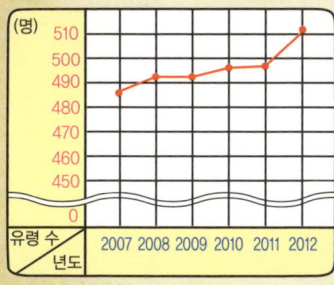 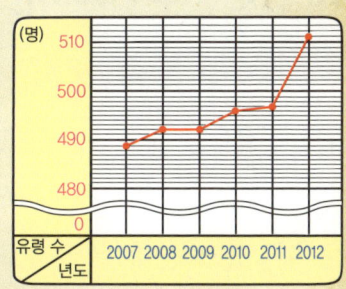

같은 수로 그린 꺾은선그래프인데도 무척 달라 보이지? 왼쪽 그래프는 어린 유령의 수가 변동이 별로 없어 보이지만 오른쪽 그래프는 어린 유령의 수가 2012년에 엄청 늘어난 것 같지? 세로축의 간격이 달라서 그렇게 보이는 거야. 제대로 비교하려면 세로축의 간격을 같게 해야 해.

마술 쇼에서 갑자기 사라지는 아이들

"핑크 공주님, 마술 보여 줘요. 네?"

탐정 유령은 귀여운 척 애교를 떨며 마술 카페로 들어갔어. 핑크 공주는 날카로운 눈빛으로 탐정 유령을 훑어보았지. 나는 가슴이 조마조마했어. 유령이라는 걸 들키면 어쩌지?

"좋아!"

핑크 공주는 짝짝 손뼉을 치더니 한 손을 탐정 유령의 귀 뒤에 갖다 댔어. 그러더니 탐정 유령의 귀에서 오백 원짜리 동전을 꺼냈어.

"요즘엔 귀에 동전을 꽂고 다니는 게 유행이니?"

우와! 정말 탐나는 마술이야. 저런 마술을 배우면 용돈 걱정은 하지 않아도 되겠다.

"하하하. 참 재미있는 마술이네요. 하지만 전 더

화려한 마술이 좋아요. 사람을 사라지게 한다거나……."

"정말? 사라지는 마술이 내 전공이긴 하지. 넌 이름이 뭐니? 마술 보는 눈 좀 있구나."

"마방진이에요. 하하하."

탐정 유령이 어색하게 웃었어.

"좋아. 무대에 올라가 봐. 마술로 너를 사라지게 해 줄게. 마방진, 내 마술을 믿니?"

핑크 공주가 탐정 유령의 눈을 바라보며 물었어. 탐정 유령은 눈을 깜박이며 고개를 끄덕였지. 내 가슴에선 쿵쾅쿵쾅 심장이 크게 뛰었어. 탐정 유령이 진짜로 유령

세계로 사라지면 어떡하지? 그건 핑크 공주가 나쁜 마술사이자 요괴라는 건데, 아! 싫어, 싫어.

> 주문을 외우면 사라진다! 내 나이를 3으로 나누면 2가 남고, 5로 나누면 4가 남고, 7로 나누면 1이 남는다. 내 나이는 스물아홉!

핑크 공주는 주문을 외운 뒤 촤르르 커튼을 쳤어. 조금 뒤 촤르르 커튼을 열었을 때 탐정 유령은 사라지고 없었어.

"핑크 공주님, 내 친구 방진이는 어디 갔어요?"

"봤잖아. 마술로 사라졌지."

"마술은 눈속임이잖아요. 무대 뒤, 무대 밑 어딘가에 숨어 있어야 하잖아요."

나는 무대로 뛰어 올라갔어. 발을 굴러 보고 비밀 문이 있나 찾아보았어. 비밀 문은 있어야 했어. 하지만 없었어.

"천재야. 넌 마술을 안 믿니?"

핑크 공주는 천사처럼 환하게 웃으며 물었어. 숨이 턱 막힐 정도로 예뻤지. 나는 숨을 헐떡이며 딱 한 가지를 겨우 물었어.

"마방진이 돌아올 수 없는 곳으로 간 건 아니죠?

유……."

"유 뭐라고?"

핑크 공주가 날카롭게 물었어. 차마 유령 세계로 보냈냐고 물어볼 수 없었어.

"마술의 비밀 때문에 말 안 해 주는 거죠? 마방진은 돌아오는 거죠?"

"그건 나도 모르지. 자, 마술은 끝났으니 그만 집에 가렴."

그날 밤 나는 침대에 앉아 마방진을 기다렸어. 그러나 아무리 기다려도 마방진은 오지 않았지. 자꾸 눈물이 나왔어.

마방진은 다음 날 수학 시간에 학교로 찾아왔어.
토실토실 둥실둥실한 마방진 어린이는 사라지고 다시 탐정 유령의 모습으로 변해서 말이야.

"어디 갔었어요?"

선생님 몰래 소곤소곤 물었어.

"유령 세계에 갔다 왔지. 핑크 공주, 아니 핑크 요괴가 날 거기로 보냈잖냐. 가 보니까 나처럼 넘어온 어린 유령들이 엄청 많더라고. 핑크 요괴가 왜 그랬는 줄 아냐?"

나는 고개를 저었어. 그러자 선생님이 물었지.

"천재야, 이 문제 이해 못하겠어? 아주 간단한 분수 계산인데."

선생님은 내가 수업 내용을 이해 못해 고개 저은 줄

알았나 봐. 나는 또 고개를 저었어.

"수학 문제는 알아요, 선생님. 그런데 저 몸이 아파서 보건실에 좀 가면 안 될까요?"

탐정 유령은 보건실까지 따라오며 종알종알 말했어.

"내 예상이 맞았어. 유령 마술 왕 대회가 있다고 했지? 핑크가 보낸 어린이 유령들은 마술 왕 대회 심사 위원이 돼서 핑크를 마술 왕으로 뽑을 계획이래. 핑크 요괴가 그렇게 세뇌시킨 거야. 나도 하루 동안 세뇌에서 벗어나지 못해서 핑크 최고를 외치고 다녔다니까. 아유, 부끄러워라. 힘들게 정신 차려서 여기 온 거야."

유령은 땀도 안 나는데, 탐정 유령은 땀을 닦는 시늉을 하며 호들갑을 떨었어.

핑크 공주는 정말 요괴였구나. 세상에, 그렇게 예쁜 요괴가 있다니! 완전 내 이상형이었는데. 나는 그만 다리가 탁 풀려 보건실 침대에 풀썩 주저앉았어.

"비켜 봐. 침대에는 내가 누워야겠다. 유령 세계에서 현실로 넘나들기가 쉬운 줄 알아? 에너지가 쭉 빠진다고!"

탐정 유령은 내 속도 모르고 종알댔어. 어헝. 나는 울음을 터뜨렸어. 핑크 공주에 대한 배신감으로 온몸이 부르르 떨렸지.

"그렇게 예쁜 얼굴로 날 속이다니!"

"핑크 편을 드는 건 아니지만, 핑크가 널 속인 건 아니야. 예쁜 사람은 착할 거라고 착각한 건 바로 너야."

탐정 유령은 하는 말마다 얄미워.

"흥! 아무튼 이제 내가 막을 거예요. 아이들이 유령 세계로 넘어가지 못하게 내가 막을 거예요. 이제 곧 나쁜 핑크 공주와 안천재의 대결이 펼쳐질 거라 이 말씀이라고요!"

학교가 끝나자마자 마술 카페로 달려갔어. 카페 문을 벌컥 열자 주리가 나를 쳐다보았어.

"어, 천재도 왔네? 나, 핑크 언니 조수가 되기로 했어.

꺄악! 멋지지 않니?"

"안 돼. 핑크……."

 탐정 유령이 내 입을 막는 바람에 더는 말할 수 없었어. 핑크 공주는 무엇인가 눈치챈 것처럼 눈을 번쩍이며 내 얼굴 쪽으로 손을 휘휘 저었어.

"뭔가 있는 것 같은데."

 핑크 공주는 고개를 갸웃거렸지만 다행히 탐정 유령을 못 알아봤나 봐. 탐정 유령은 유령에게도 보이지 않는 투명 망토를 입었거든.

"내가 조수 된 기념으로 핑크 언니가 마술을 시켜 준대. 날 사라지게 해 준다는 거야. 정말 멋지지 않냐?"

 주리를 유령으로 만들 순 없어. 어떻게든 막아야 해. 나는 재빨리 머리를 굴렸어.

"에이, 사라지는 마술은 너무 많이 봤어요. 그건 어때요? 못이 많이 박혀 있는 침대에 마술사가 누웠는데, 진짜 아무렇지도 않은 거요."

 핑크 공주가 얼굴을 찡그렸어. 아! 핑크 공주는 요괴라는데 찡그린 얼굴까지 왜 이렇게 예쁘지?

"뭐, 새로운 마술을 보여 주는 것도 좋지만 못 침대가 엉망이라."

"엉망이라고요? 하하하. 제가 고쳐 드릴게요. 주리와 제가 조수가 된 기념으로 말이죠. 하하하!"

나는 너스레를 떨었어.

"너도 조수하려고?"

주리는 깜짝 놀라 물었지.

"그럼. 내가 마술에 소질 있는 거 잘 알잖아. 하하하, 하하하!"

지금 내가 무슨 말을 하고 있는 거냐. 입은 웃고 있지만 내 표정은 점점 일그러졌지.

"네가 꼭 원한다면 뭐. 여기 못 침대가 들어 있으니까 수리 좀 해 봐."

핑크 공주는 창고 문을 열었어. 창고에는 여러 마술 도구가 들어 있었어. 무시무시해 보이는 칼도 있고 신비해 보이는 거울도 있었어.

창고 한가운데 못이 박힌 나무 침대가 있었어. 못은 듬성듬성 박혀 있었지. 정말 엉망이었어.

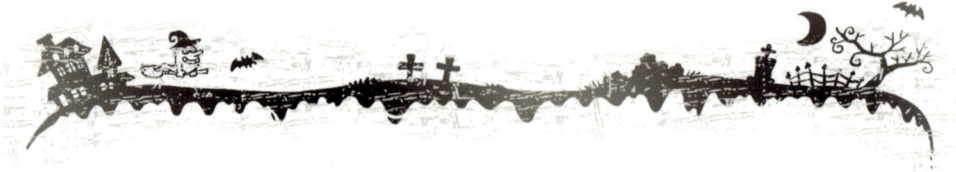

"하하. 못이 몇 개 안 박혔네요. 뭐, 제가 박으면 되죠. 몇 개나 박을까요?"

"뭐, 대충 한 100개 박으면 되지 않을까?"

100개? 그랬다간 온몸에 피멍이 들 텐데. 아무리 핑크 공주가 나쁜 요괴라지만 예쁜 핑크 공주가 다치길 원하지 않아. **나는 눈에는 눈, 이에는 이라고 말하는 차가운 인간이 아니라고!**

"100개는 너무 적어요. 못 침대에 올라갈 사람은 핑크 공주님이니까 다시 좀 생각해 봐요."

"그럼 1000개로 할까?"

핑크 공주는 계산도 안 해 보고 아무렇게나 말했어. 못 침대에 엉덩이가 찔리면 얼마나 아플지 생각해 보지 않았나 봐.

"핑크 공주님, 제 생각엔 못 사이 간격이 1cm 정도는 되어야 몸무게를 고루 나누어 받아 아픔을 못 느낄 것 같아요. 이 침대는 가로 40cm, 세로 120cm이니까 침대의 넓이는 40×120=4800(cm^2)이고……."

"뭐? 못이 4800개나 필요하다고?"

핑크 공주는 깜짝 놀랐어. 나도 깜짝 놀랐지. 못은 4800개보다 더 많이 필요하거든. 핑크 공주는 그런

계산을 전혀 할 줄 모르는 **수학 바보**였던 거야. 에이, 핑크 공주는 수학 바보!

"핑크 언니 괴롭히지 말고 네가 알아서 해. 너 계산 같은 거 엄청 잘하잖아."

주리는 괜히 나한테 핀잔을 줬어.

못을 몇 개나 박으면 될까?

가로 2cm, 세로 2cm인 나무판에 1cm 간격으로 못을 박으려면 몇 개나 박아야 할까?

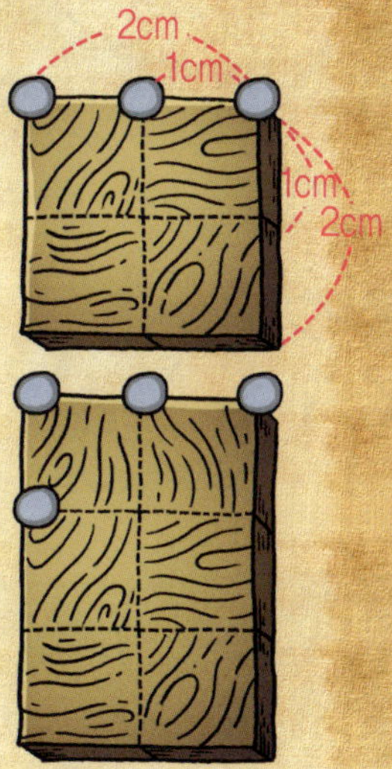

나무 판의 넓이를 구하듯이 $2 \times 2 = 4(cm^2)$, 4개라고 답하기 쉬워. 하지만 못은 한 줄에 3개가 들어가므로, $(2+1) \times (2+1) = 3 \times 3 = 9$, 9개의 못을 박아야 해.

가로 2cm, 세로 3cm인 나무 판에 1cm 간격으로 못을 박으려면, 나무 판의 넓이는 $2 \times 3 = 6(cm^2)$이지만, 못은 $(2+1) \times (3+1) = 3 \times 4 = 12$, 12개의 못을 박아야 하지.

같은 방법으로, 핑크 공주의 나무 침대의 넓이는 $40 \times 120 = 4800(cm^2)$. $(40+1) \times (120+1) = 41 \times 121 = 4961$, 모두 4961개 못을 박아야 해.

유령 세계를 지키는
수학 스핑크스

전생이 있다면, 나는 유령을 잡으러 다닌 **유령 사냥꾼**이 분명해. 유령만 보면 잡아 가두지 못해 안달하는 무시무시한 사냥꾼. 유령들은 내 얼굴만 봐도 벌벌 떨며 도망갔겠지. 내게 잡혀 봉인된 유령들은 나를 원망하며 복수를 다짐했을 거야.

다음 생에는 나만 쫓아다니며 괴롭혀 준다고…….

"무슨 황당한 상상의 나래를 펼치는 거야? **넌 유령 사냥꾼은커녕 파리 사냥꾼도 아니었을 거야.** 콩알만 한 벌레도 무서워하는 녀석이 유령을 어떻게? <u>ㅎㅎㅎ</u>."

 탐정 유령이 짓궂게 웃었어. 쳇! 그럼 겨우 초등학생밖에 안 된 내게 유령들이 자꾸 따라붙는 이 현상을 어떻게 설명할 수 있냐고요! 나는 왜 유령들이 벌인 일을 해결해야 하냐고요! 나도 다른 초등학생들처럼 유령들의 일은 영화나 책에서 나오는 일로 생각하며 살고 싶다고요!

 그런데 어제 주리가 사라지고 말았어. 내가 두 눈을

부릅뜨고 감시했는데, 어느새 핑크 공주가 사라지는 마술로 주리를 유령 세계로 보내고 말았지. 이 일을 해결할 사람은 나뿐인데 어쩌면 좋냐? 그 순간 내 눈앞에서 동실거리는 탐정 유령. 맞아. 이 일을 해결할 수 있는 사람은 없지만 유령은 하나 있지.

"탐정 유령님이 주리를 데려오면 되겠네요. 간 김에 유령이 된 다른 아이들도 다 구해 오면 더 좋고요."

"물론이지. 나는 유령 세계 최고의 탐정이니까 그까짓 것 어렵지 않지. 하지만 네 도움이 조금, 아주 조금 필요하구나. 전에 암호 풀 때 네 절친 진지한이 이등 유령에게 잡혀갔을 때처럼."

"뭐라고요? 그땐 내가 다 해결했잖아요. 탐정 유령님이 한 게 뭐 있다고······."

탐정 유령이 헤벌쭉 웃었어. 그러니까 이번에도 내가 다 해결하라는 뜻? 예전에 지한이는 만날 이등만 하다 죽어 한이 맺힌 이등 유령에게 잡혀간 적이 있어. 이등 유령은 유령들의 공동묘지에 지한이를 가두었지. 나는 유령들의 공동묘지에 용감하게 쳐들어가 뛰어난 머리로 유령 수수께끼를 풀고 지한이를 구해 냈지. 멋지게! 하지만 또다시 유령들과 대결하고 싶진 않아. 속으로는 얼마나

무서웠다고! 지한이가 절친만 아니었어도 모른 척했을 거야. 그러니까 이번에는 내가 나서지 않을 거야. 주리를 구하러 유령 세계에 갈 순 없어. **유령들이 피를 뚝뚝 흘리며 달려들면, 으허헝.**

"난 못해요."

"그래, 그럼. 사람이 유령 세계에 가는 건 위험해. 어쩌면 다시는 돌아오지 못할 수도 있어. 주리도 다신 못 돌아올 거야. 유령이 무서워서 울고 있을지도 모르는데. 주리는 여자애잖아. 여자들은 유령을 더 무서워해. 참, 주리는 아니지. 주리는 유령, 귀신, 요괴 이런 거 되게 좋아하지? 그러니까 평생 유령 세계에서 살게 내버려 둬야겠다. 핫핫핫!"

아! 주리가 여자만 아니었어도. 나는 주먹으로 가슴을 텅텅 쳤어.

"좋아요. 내가 도울게요. 내가 주리를 구해 내겠다고요. 그러니 당장 유령 세계로 날 데려다줘요. 당장!"

꽥 소리를 질렀어. 그 순간 묘한 냄새가 코를 간질이더니 몸이 아주 좁고 깊은 구멍으로 빠지는 것 같았어. 졸린 것처럼 정신이 몽롱해지고 눈이 감기고…… 드르렁.

"천재야, 일어나. 다 왔어. 내 참, 유령 세계로 넘어오는

길에 코 고는 녀석은 네가 처음이다. 정말로 넌 특이한 녀석이야."

탐정 유령이 고개를 절레절레 흔들었어. 헤헤. **유령들을 많이 만나면서 내 간이 좀 심하게 커졌지?** 근데 여기는 아직 내 방 침대 같은데…….

"나가자."

탐정 유령은 허공에서 문을 여는 시늉을 하며 나갔어. 쫓아가 보니 엄청나게 큰 피라미드가 떡 버티고 있었어. 피라미드 앞에 있는 못되게 생긴 스핑크스까지 이집트랑 똑같지 뭐야.

"애개, 유령 세계는 이집트를 본떠 만든 거예요?"

"아이고, 이 가짜 천재 안천재야! 이집트가 여길 본떠 만든 거지. 옛날에는 유령 세계와 현실 세계의 문이 느슨해서 주술사들이 왔다 갔다 했어. 그때 주술사들이 유령 세계에서 본 거대 피라미드를 현실 세계에서도 만든 거지. 피라미드 안으로 들어가자."

탐정 유령은 피라미드 안으로 들어가려 했어. 나도 허둥지둥 쫓아갔지. 그런데 눈이 쭉 찢어진 스핑크스가 긴 팔로 나를 턱 막는 거야.

"작은 사람 아니야? 유령은 그냥 가도 사람은 그냥 갈 수

없어. 퀴즈를 풀고 가야지."

스핑크스가 내는 퀴즈라면 책에서 다 봤지! 아침에는 네 발, 낮에는 두 발, 저녁에는 세 발 그거?

"정답은 사람. 됐지?"

문제를 듣기도 전에 정답을 맞췄지. 의기양양하게 들어가려는데 스핑크스가 긴 발톱으로 내 어깨를 톡톡 두드렸어.

"이봐, 작은 사람. 그건 우리 조상들이 냈던 케케묵은 문제고, 내 문제는 달라. 마술 시즌을 맞이하여 나뭇가지 마술 문제를 새로 만들었거든. 포도주 잔에 든 이 동전을 바깥으로 꺼내 봐. 나뭇가지를 딱 두 개만 옮겨서."

나는 멍하니 스핑크스를 바라보았어. 전생에 난 아이들을 괴롭힌 지독한 수학 선생이었나 봐. 그러니 유령 세계에 와서도 수학 문제를 푸는 불운한 운명의 주인공이지!

"전혀 모르겠어? 완전 어렵지? 멍청한 작은 사람을 위한 힌트! 포도주 잔이 엎어지면 동전도 밖으로 나오겠지?

킬킬킬."

스핑크스는 작은 사람을 괴롭히는 재미에 푹 빠졌어. 하지만 이봐, 스핑크스. 사람을 잘못 봐도 한참 잘못 봤어. 나는 수학 천재 안천재야. 이까짓 문제는 보자마자 알았다고. 내 처지가 너무 딱해서 잠시 생각에 잠겼던 것뿐이지. 나는 망설이지 않고 나뭇가지 두 개를 옮겼어.

스핑크스의 쭉 찢어진 눈이 동그래졌어.

"이제 가도 되지?"

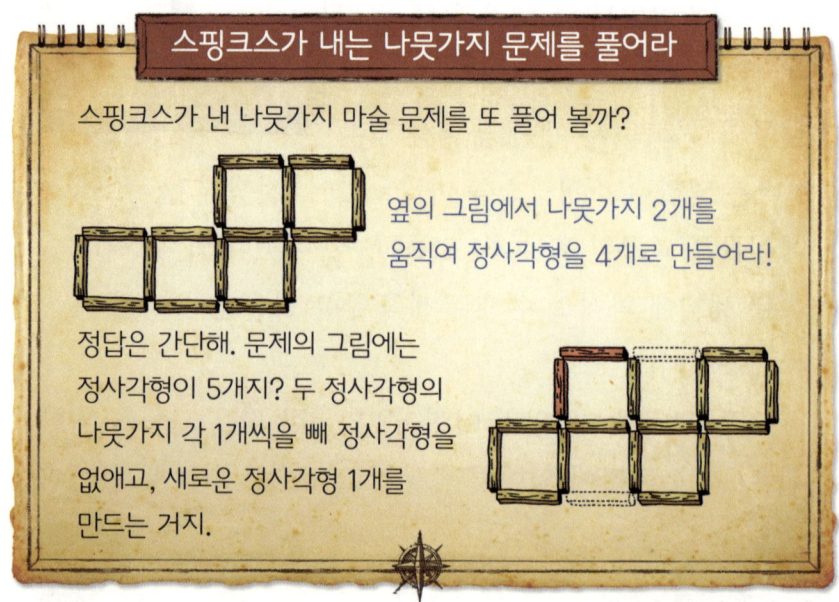

스핑크스가 내는 나뭇가지 문제를 풀어라

스핑크스가 낸 나뭇가지 마술 문제를 또 풀어 볼까?

옆의 그림에서 나뭇가지 2개를 움직여 정사각형을 4개로 만들어라!

정답은 간단해. 문제의 그림에는 정사각형이 5개지? 두 정사각형의 나뭇가지 각 1개씩을 빼 정사각형을 없애고, 새로운 정사각형 1개를 만드는 거지.

입체도형으로 만든 마술 방

 같은 방에 서 있는 A와 B. 과연 B가 A보다 훨씬 큰 키를 가지고 있을까?

 사실 이 방의 벽과 창문, 바닥의 모양은 직사각형이 아니라 사다리꼴이다. 바닥에 조금씩 다른 크기의 타일을 놓아 벽과 창문이 직사각형으로 보이도록 속임수를 쓴 것이다.

 또 B는 가까이에 서 있고, A는 멀리 서 있어 가까이에 선 B의 키가 훨씬 크게 보이는 것이다. 실제로 A와 B의 키는 비슷하다.

 하지만 이런 사실을 알고 보아도 두 사람은 같은 위치에 서 있는 것처럼 보인다. 입체도형을 이용해 우리 눈이 착각을 하도록 만든 방이기 때문이다.

 미국의 알버트 에임스가 만든 이 마술 같은 방의 이름은 '에임스의 방'이다.

7
마술 왕 매직스의 마술 비법을 훔쳐라

 유령 피라미드에 들어서자마자 길을 잃었어. 탐정 유령은 어디로 갔는지 보이지도 않았어. 대신 하얀 침대보를 뒤집어쓴 빗자루 같이 생긴 유령이 펄럭이며 다가왔지.
 "핑크핑키핑크!"
 핑크 공주와 관련된 유령일까? 일단 무조건 고개를 끄덕였어.
 "핑크핑키핑크! 따라와."
 흰 빗자루 유령을 따라가 보니 작은 방에 아이들이 모여 있었어. 시험공부라도 하는지 중얼중얼 뭔가를

외우고 있었지. 그중에는 사라졌던 세윤이 형, 도현이, 그리고 주리도 있었어. 나는 얼른 주리 곁으로 다가갔어.

"주리야, 여기 있었어? 얼마나 걱정했다고."

주리는 나를 거들떠보지도 않고 중얼거리기만 했어.

"마술 테이블 무너뜨리기, 커튼에 구멍 뚫기, 카드 훔쳐 바꿔치기, 불 피우면 바람 불기, 모자 속에 숨은 하얀 토끼……."

이게 무슨 말이야? 나는 주리를 콕콕 찌르며 물었어.

"주리 너 지금 뭐 하는 거냐?"

"모자 속에 숨은 하얀 토끼는 뭐 하는 거냐? 아이 참, 방해하지 마."

주리가 나를 노려보았어. 나는 주리의 날카로운 눈빛을 피하며 우물쭈물 물었지.

"너, 내가 누군지 몰라?"

"모르긴 왜 몰라? 천재잖아. 진짜 천재는 아닌 안천재."

"와! 기억하는구나. 그럼 여기가 어딘지도 알겠네. 어서 도망치자. 여긴 유령 세계야."

나는 주리 손을 덥석 잡았어. 하지만 주리는 내 손을 홱 뿌리쳤지.

"유령 세계가 뭐? 난 유령이니까 유령 세계에 있는 게 당연하지. 넌 유령이 아니야?"

나는 고개를 젓지도 끄덕이지도 않고 애매하게 움직였어. 주리의 눈꼬리가 올라갔어.

"이상하네. 너, 핑크 언니가 보낸 유령 아니야? 그럼 누구지? 매직스가 보낸 거야? 얘들아, 여기 매직스의 스파이가 있다."

아이들이 일어나 우르르 나를 에워쌌어. 이글이글 불타는 눈동자로 나를 잡아먹을 듯 노려보았지. 핑크 공주가 아이들에게 같은 편이 아니면 혼을 내 주라고 세뇌시켰나 봐.

"얘들아, 난 스파이가 아니야. 핑크 공주님이 보내서 왔어. 핑크핑키핑크! 이제 막 유령이 돼서 유령에 잘 적응하지 못 한 것뿐이야. 우리가 무슨 일을 해야 한다고?

모자 속 토끼를 어쩌라고?"

다행히 아이들은 나를 금방 믿어 주었어. 핑크 공주가 특별히 순진한 아이들로 골랐나 봐.

"우린 마술 왕 매직스를 방해하고 **마술 비법**을 훔쳐 내야 해. 매직스를 다치게 해서 마술 왕 대회에 못 나가게 하면 더 좋고. 우리 중 가장 일을 잘 해낸 유령은 핑크 공주와 함께 마술 왕 대회에 나갈 수 있대."

"아, 그것 참 잘됐다. 내 꿈이 핑크 공주의 수제자 겸 조수거든. 핫하하하하."

내 웃음소리는 점점 쪼그라들었어. 입은 웃고 있지만 마음속으로 통곡을 하며 울었거든.

조금 뒤 우리는 마술 왕 매직스의 쇼를 보러 **유령 사막** 한가운데로 몰려 나갔어.

유령 사막의 밤은 으스스할 줄 알았는데 의외로 신비롭고 아름다웠어. 폭신한 보라색 담요가 몸을 감싸는 그런 느낌이라고 할까! 고운 모래 위에서는 작은 동물 유령들이 톡톡톡 밤 운동을 시작하고, 까만 하늘에는 보석 같은 별들이 반짝반짝 빛을 냈지. 나도 모르게 손을 뻗었어. 유령 세계의 하늘은 우리의 하늘보다 더 가까운 걸까? **별들이 정말 손에 잡힐 것 같았어.** 내가

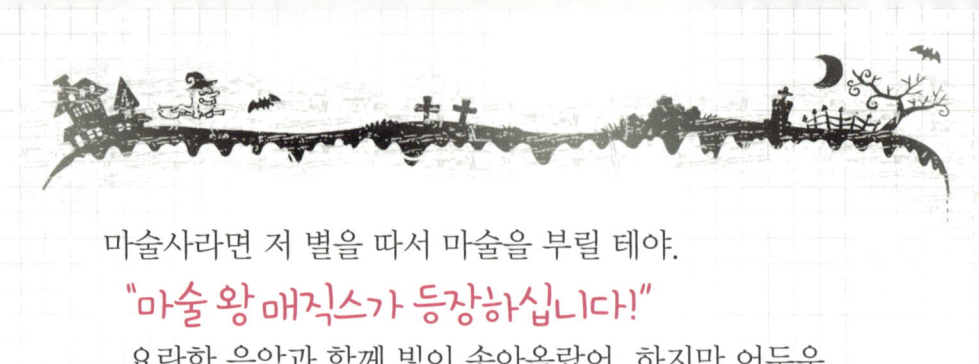

마술사라면 저 별을 따서 마술을 부릴 테야.
"마술 왕 매직스가 등장하십니다!"
　요란한 음악과 함께 빛이 솟아올랐어. 하지만 어두운 무대만 어렴풋이 보일 뿐, 매직스의 모습은 어디에도 없었어.
"매직스는 어딨는 거야?"
　그 순간 펑 소리와 함께 마술 왕 매직스의 머리가 무대 위로 둥둥 떠올랐어. 팔도, 다리도, 목도 없이 머리만 둥둥. 으악! 저절로 비명이 터져 나왔어. 공포의 여왕 주리도 꺅꺅 소리를 질렀어. 아이들 중 몇 명은 울음을 터트렸고, 그중 몇 명은 오줌을 쌌을지도 몰라.

"제가 너무 잘생겨서 놀라셨나요? 매직스!"

무대가 깜빡 어두워졌다 밝아지면서 매직스가 무대 위로 튀어나왔어. 팔, 다리, 몸통이 다 붙어 있는 멀쩡한 모습으로 말이야.

"아이고, 무서워라. 정말 유령다운 마술이네."

주리가 몸서리를 치며 중얼거렸어. 정신을 차린 주리는 내 옆구리를 쿡쿡 찔렀어.

"무대 뒤로……."

주리는 매직스가 보지 못하도록 엉금엉금 기어서 앞장섰어. 나도 엉금엉금 주리 뒤를 따랐지. 무대 뒤에는 매직스의 마술 도구가 여기저기 흩어져 있었어. 방금 머리만 동동 떠 있는 마술에 쓴 마술 도구도 놓여 있었어. **머리 동동 마술 도구**는 어두운 색깔의 3단 병풍과 거울, 동그란 탁자였어. 탁자는 다리 부분에 거울이 붙어 있었지. 거울 때문에 탁자 위에 매직스의 머리만 동동 떠 있는 것처럼 보였나 봐.

"천재 너는 병풍을 들어. 난 탁자를 들게."

주리는 끙끙 힘을 쓰며 탁자를 들어 올렸어. 하지만 난 아무것도 들지 않았어. 꼭 힘을 써 봐야 아나? 저렇게 큰 탁자와 병풍은 절대로 들고 갈 수 없어!

"주리야, 이건 무거워서 못 가져가. 이런 물건을 들고 유령 세계를 빠져나갈 수 없어. 매직스에게 들키고 말걸."

"그럼 어떡해? 핑크 언니를 실망시킬 순 없어."

주리의 목소리는 무척 날카로웠어. 뭔가 좋은 생각을 해야만 했어. 물론 나는 좋은 생각을 해냈지. 내가 누구야? 진짜 천잰지 가짜 천잰지는 나도 헷갈리지만 아무튼 천재잖아.

"설계도를 그려 가자. 가서 만들면 되잖아."

나는 마술 도구를 꼼꼼하게 살펴보고, 줄자로 크기를 재며 열심히 설계도를 그렸어. 그런데 어둠 속에서 연달아 들리는 하품 소리.

"주리 너, 너무해. 도와줄 생각은 안 하고 하품만 하기야?"

"나 하품 안 했는데."

"미안하다고 하면 되지, 시치미 떼기야?"

나는 들고 있던 연필을 탁 내려놓았어.

"얘들아, 왜 싸우니? 하품은 내가 했단다."

나와 주리는 놀라서 펄쩍 뛰었어. 우리, 매직스의 마술 비법을 훔치다 들킨 거야? 이제 달아나야 하나? 머릿속이 까매져서 아무 생각도 안 났어. 그때 구석에 놓여 있는

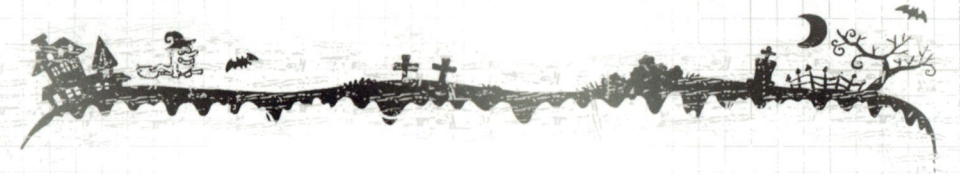

거울에서 촛불이 탁 켜졌어. 사실 촛불은 반대쪽에서 켜졌는데 거울에 비친 거야.

"아니, 넌 그때 그 꼬마가 아니냐? 절대 천재가 아니라는 안천재."

촛불과 함께 거울에 비친 유령은 매직스의 할머니였어. 매직스의 마술 도구들 옆에서 자고 있었던 거야.

"천재 너, 여기서 뭐 하는 거냐?"

"아무것도 안 해요. **마술 비법** 훔치는 거 아니에요. 핑크가 보내서 온 거 아니라고요."

나는 허둥지둥 달아났어. 할머니는 어리둥절한 표정으로 나와 주리를 바라보더니 소리쳤지.

"도둑이야! 도둑이야!"

걸음아 날 살려라 달아나는데, 아무리 뛰어도 사막은

그냥 사막이고 내가 어디로 가는지 모르겠어.

"아이고, 천재야. 잠시만 한눈을 팔아도 사고로구나!"

하늘 위에 마방진이 둥실 떠올랐어. 보름달 같은 마방진의 얼굴이 이렇게 반가울 때가!

"여기서 빠져나가자. 경찰 유령한테 들키면 곤란해."

마방진은 내 머리카락을 쫙 빨아들였어. 내 몸은 좁고 깊은 구멍으로 빨려 들어가는 것 같더니 한참 뒤 내 방 침대 위로 폭 떨어졌어. 탐정 유령도 내 옆에 벌렁 드러누웠지.

"어떡해! 주리를 두고 왔어. 다시 가야 해요."

"안 돼. 나 지친 거 안 보여? 인간을 유령 세계로 데리고 다니는 일이 얼마나 힘든 줄 알아? 다시 가기도 어렵지만 갔다간 영영 못 오는 수가 있어."

"주리는 어떡하고요?"

"사람은 한 번 유령 세계에 다녀오면 적어도 일주일은 쉬었다 다시 가야 해. 안 그러면 영혼이 영원히 유령 세계로 가 버린대."

"왜요?"

"유령 세계가 여기보다 훨씬 좋거든."

"뭐가 좋아요? 완전 사막이던데. 여기가 훨씬 좋거든요!"

"네가 아직 유령 세계를 다 안 다녀 봐서 그래. 나와 계순 씨의 신혼집이 있는 섬은 얼마나 아름다운데……."
 계순 누나는 탐정 유령의 약혼녀, 아니 지금은 아내인 유령이야.

 탐정 유령이 먼저 죽는 바람에 살아 있을 적에는 이루어지지 못했는데, 유령이 되어 다시 만나 결혼했지. 근데 계순 누나와 탐정 유령을 처음 보면 부부라는 생각이 안 들어. **계순 누나는 할머니고 탐정 유령은 청년이거든.** 계순 누나는 할머니 때 죽고, 탐정 유령은 젊어서 죽어서 그렇대. 하지만 탐정 유령과 계순 누나는 깨가 쏟아지는 커플이야.
 "우리 계순 씨가……."

탐정 유령의 낯간지러운 아내 자랑이 이어졌어. 하지만 난 탐정 유령의 자랑을 더 들을 수 없었어. 주리는 걱정되지만 자꾸 잠이 쏟아져서……, 드르렁 드르렁!

매직스의 마술 비법 속 수학

머리만 동동 떠 있는 마술의 비법은 거울과 수학이야. 마술사의 몸은 거울에 가려지고, 탁자 가운데 구멍 위로 머리를 내밀면 돼. 무서운 표정으로 으스스한 웃음을 지으면 더 끔찍하지.

♣마술 비법
- 거울: 탁자 다리에 거울을 붙여 주위를 비치게 만들어.
- 병풍: 어두운 색깔의 병풍으로 탁자의 삼면을 가리면 탁자 안에 마술사가 숨어 머리를 내미는 걸 숨길 수 있지.
- 조명: 조명을 머리 위로 비추면 훨씬 생생하게 무서워.

♣마술 비법 속 수학
탁자 다리에 거울과 거울이 90°가 되도록 끼워 넣고, 병풍과 탁자의 거리는 삼면이 모두 같게 해야 해. 그리고 관객들이 거울의 모서리 부분에서 마술을 보는 게 가장 자연스러워. 그래야 거울에 병풍 옆쪽이 비춰져 탁자 밑이 빈 것처럼 보이거든.

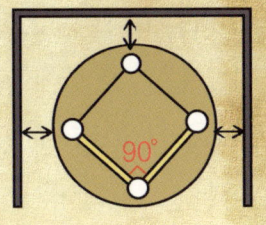

사다리타기 마술로
핑크 공주의 조수가 되다

 죄책감이 뭔 줄 알아? 마음속에 바윗덩어리를 턱 얹는 거야. 연약하지는 않지만 여자인 주리를 유령 세계에 두고 혼자 도망쳐 나왔으니 나는 평생 마음속에 바윗덩어리를 안고 살아야 할 거야.
 교실 앞에서 멈춰 섰어. 주리의 빈 책상을 보면 눈물이 날 것 같아 선뜻 교실로 들어갈 수 없었어.
 "천재야, 오후에 핑크 공주의 마술 카페에 가자. 주리가 보여 줄 게 있대."
 아는 것이 없어서 걱정도 없는 지한이가 내 어깨를 툭 치며 말했어.

"주리는 없어. 다시는 못 볼 거……."
나는 목이 메어 말을 이을 수 없었어.
"주리가 왜 없어? 교실에 있던데."
"뭐?"
정말로 주리는 제 책상 위에 엎드려 자고 있었어. 이게 어떻게 된 일이지? 친구들 있는 데서 유령 세계에서 어떻게 나왔는지 물어볼 수도 없고, 나는 그냥 주리 뒤에 가서 한참 서 있었지.
내 자리에 돌아오자 지한이가 능청스럽게 웃으며 물었어.

"절친. 나한테 뭐 할 말 없냐?"
"없는데."
"여자 얘기 같은 거 뭐 하고 싶은 거 없어?"
여자? 혹시 여자 유령도 포함하는 거냐? 그렇다면 핑크 요괴 때문에 머리가 빠질 것 같다고 얘기해 줄까? 속으로만 생각했지.
"그래 친구. 네 맘 안다. 잘되면 그때 얘기해라, 응?"
지한이가 주리를 힐끔 쳐다보며 또 웃었어. 내가 주리 때문에 고민이라도 한다는 듯이.
"아니야. 아니야, 그런 거."
버럭 소리를 질렀지. 하지만 지한이는 비실비실 웃었어.
"됐어. 핑크 공주 예쁘다고, 네 스타일이라고 한 거 주리한텐 비밀로 해 줄게."
진실을 끝까지 우길 수 없는 이 안타까움! 나는 그저 어색한 미소를 지을 뿐이야!
그날 오후, 나는 혼자서 마술 카페에 갔어. 주리를 보러 간다니까 지한이는 따라나서지도 않더군. 그렇지 않아도 혼자 갈 생각이긴 했지만 괜히 기분이 이상했지. 지한이를 위해 진짜로 주리를 좋아해야 할 것 같은 느낌?
주리는 또 마술 카페에 있었어.

"이 마술 카드 좀 봐요. 진짜 매직스 것을 살짝 가져왔어요. 언니, 절 조수로 계속 써 주는 거죠?"

주리는 나도 모르게 매직스의 마술 카드를 훔쳐 왔나 봐. 나도 설계도를 몰래 그리기는 했지만, 훔치는 건 정말 나쁜데……. 나중에 매직스를 만나면 사과하기로 하고, 일단 핑크 공주의 음모를 막아야지.

나는 유령 세계에서 그린 설계도를 꺼내며 요란을 떨었어.

"핑크 공주님, 이건 매직스의 마술 도구 설계도예요. 제가 직접 보고 그린 거예요."

핑크 공주는 눈을 반짝이며 미소를 지었어.

"정말 매직스의 마술 도구야?"

주리는 도끼눈을 뜨고 노려보았어.

"머리만 둥둥 뜨는 마술인데 정말 멋져요.

제가 설계도대로 만들어 드릴게요."
"좋아. 마술만 잘되면 너는 평생 내 조수야."
"언니 저는요?"
주리가 굳은 표정으로 물었어.
"너도 해. 난 최고의 마술사니까 조수가 여러 명 필요해."
주리는 그제서야 **팔딱팔딱** 뛰면서 좋아했어.
"근데 천재야."

핑크 공주가 고개를 갸웃거리며 내게 물었어.
"내가, 너를 유령 세계로 보낸 적이 있던가?"
아! 그런 일은 없었어. 마방진 탐정 유령을 따라 유령 세계에 다녀왔잖아. 눈앞이 깜깜해졌어. 뭐라고 핑계를 대야 할까? 갑자기 기침이 터져 나왔어. 콜록콜록 기침을 하면서 거짓말을 생각했어.

"당연하죠. 아니면 제가 어떻게 유령 세계에 갔겠어요? 거기서 주리를 만나 매직스의 마술 비법을 훔치러 갔다고요. 안 그래, 주리야? 우리 거기서 만났지?"
일부러 주리에게 말을 시키며 핑크 공주의 관심을 흩트렸어.

"얼른 마술 도구 만들게요. 시간이 좀 걸릴 것 같아요. 하하. 하하."
"그래. 얼른 시작해."
다행히 핑크 공주는 더 의심하지 않았지.

며칠 동안 나는 마술 카페에서 살다시피 했어. 설계도에 맞춰 병풍이랑 탁자를 직접 만드느라고 말이야. 그런데 가장 중요한 탁자의 다리 부분을 못 그려 와서 한참 헤맸지 뭐야. 결국 마술 탁자를 완성하긴 했는데, 머리만 동동

뜨는 마술은 실패했어.

핑크 공주가 탁자 위에 얼굴만 내놓았는데, 아이들이 한목소리로 외쳤거든.

"거울 뒤에 숨은 거 다 알아요!"

핑크 공주는 창피해서 얼굴이 빨개졌어.

아이들이 야유를 보내며 나간 뒤 핑크 공주가 소리쳤어.

"천재 너, 다시는 내 마술 카페에 오지 마. 내 조수는 주리 하나면 돼."

나는 결국 미운털이 콕 박히고 말았어.

그날 오후 주리와 함께 집에 걸어가면서 나는 주리의 마음을 떠보았어.

"주리 너는 좋겠다. 내가 실수하는 바람에 너만 핑크 공주의 조수가 됐잖아."

뜻밖에도 주리는 고개를 저었어.

"중요한 건 핑크 언니가 마술을 실패한 거야. 많이 속상할 거야. 내 마음도 안 좋아."

주리는 핑크 공주에게 완전히 세뇌당했나 봐. 유령에게 완전히 빠진 주리를 어떻게 구해야 하지? **한숨만 푹푹** 나왔어. 그래도 포기할 순 없지.

"네가 보기엔 핑크 공주, 좀 이상하지 않아? 다 큰

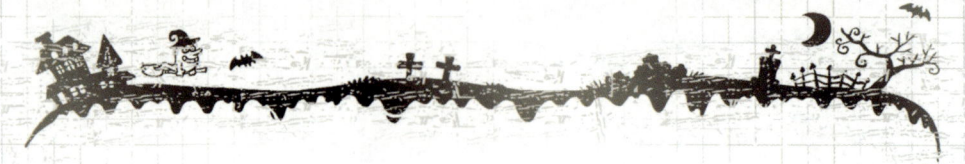

어른이 초등학교 앞에서 아이들을 모아 놓고 사라지는 마술만 하고……."

"외로운가 봐. 핑크 언니는 가족이 없는 것 같더라. 우리가 동생 같아서 좋은가 보지. 나도 핑크 언니가 좋아."

으, 주리는 핑크 공주가 나쁜 요괴라는 걸 상상도 못하고 있었어. 아무래도 주리를 설득해 핑크 공주에게서 떼어 놓는 건 불가능할 것 같아.

며칠 뒤 나는 또 마술 카페를 찾아갔어. 핑크 공주는 나를 조금도 반가워하지 않았지. 지난번 머리가 동동 뜨는 마술 도구를 잘못 만든 것이 아직도 미운가 봐. 그래도 나는 너스레를 떨며 핑크 공주에게 다가갔지. 호랑이를 잡으려면 호랑이 굴로 들어가야 하니까.

"핑크 공주님, 뭐 필요한 거 없어요? 지난번엔 실패했지만 전 얼마든지 잘할 수 있어요. 핑크 공주님의 완벽한 조수가 되고 싶어요."

그러자 핑크 공주가 쌀쌀맞게 말했어.

"필요한 거 없는데? 내 조수는 주리 하나면 돼."

그때 카페 문이 열리고 3학년 여자아이 둘이 들어왔어. 핑크 공주의 얼굴에 활짝 요괴 웃음이 흘렀지.

"얘들아, 마술 쇼 보러 왔구나. 오늘은 누가 사라질까? 자, 무대로 올라오렴."

"에이, 그건 몇 번이나 봤어요. 다른 거 보여 주세요."

핑크 공주는 당황해서 눈을 깜빡거렸어. 하지만 곧 정신을 차리고 아이들을 구슬렸지.

"사라지는 마술 보면 다른 마술 보여 줄게."

"다른 마술 먼저 보고 사라지는 마술 보면 안 돼요?"

똘똘해 보이는 앞짱구 여자아이가 물었어.

핑크 공주의 얼굴이 핑크빛으로 빨개졌어. 이때다! 나는 재빨리 끼어들었어.

"우리 사다리타기로 정할까? 어때?"

"좋아! 사다리는 내가 그릴 거야. 난 1번."

앞짱구 여자아이가 사다리를 그려 내밀었어.

앞짱구 여자아이의 친구는 2번을 골랐어. 나는 자동으로 3번이 됐어. 나는 재빨리 눈으로

사다리를 따라가 보았어. 앞짱구 여자아이가 사라지는 마술을 고르게 사다리를 바꾸려고.

"좋아요. 이제 사다리타기 해요."

앞짱구 여자아이가 말했어. 그 순간 나는 손을 번쩍 들었지.

"잠깐! 네가 사다리를 그렸으니 내가 선을 하나 보탤게. 그래야 공평하잖아."

앞짱구 여자아이는 고개를 끄덕였어.

나는 사다리에 선을 하나 더 그려 넣었지. 사다리타기의 결과는? 내가 선을 잘 그려 넣은 덕택에 앞짱구 여자아이는 사라지는 마술을 고르게 되었지.

"그래! 네가 고른 대로 사라지는 마술 먼저 하고, 다음 마술을 보여 줄게. 자, 무대에 올라가렴!"

앞짱구 여자아이가 무대 위로 올라가자 핑크 공주는 나를 보며 활짝 웃었어.

"너, 보기보다 쓸모 있구나! 다시 내 조수로 임명하마. 하하하하."

핑크 공주는 예쁜 요괴 웃음을 지으며 커튼을 확 닫았어. 그리고는 사라지는 주문을 외웠지. 다시 커튼을 촤르르 열었을 때 똘똘한 앞짱구 여자아이는 사라지고 없었어. 앞짱구 여자아이와 함께 온 친구는 손뼉을 치며 물었어.

"근데 내 친구는 언제 다시 나타나요?"

그 순간 망치로 머리를 쾅 얻어맞은 느낌이었어.

핑크 공주를 도와서 앞짱구 여자아이를 유령 세계로 보낸 사람은 바로 나야. 핑크 공주 옆에 있다가 아이들이 사라질 때 막으려고 왔으면서 오히려 아이를 유령 세계로 보내 버리다니! 머리가 어질어질해서 더는 마술 카페에 있을 수 없었어. 나는 비틀비틀 밖으로 나와 땅바닥에 벌렁 누워 버렸어. 하늘이 유난히

파랬어. 저 하늘 어딘가 유령 세계가 있고, 나 때문에 유령이 된 앞짱구 여자아이가 떠돌고 있겠지.

사다리타기의 규칙

사다리타기는 항상 한 사람이 하나의 결과를 선택하게 되는 게임이지. 일대일 대응이라는 수학적 원리가 숨어 있기 때문이야. 먼저 사다리타기 게임의 규칙을 알아보자.

규칙1. 참여하는 사람 수대로 세로선을 그어. 이때, 가로선은 몇 개를 그어도 되지만 가로선끼리 서로 붙어서 일직선이 되면 안 돼.

규칙2. 세로선 위쪽에는 참여하는 사람 이름이나 번호를 적고, 아래쪽에는 마술의 종류(또는 벌칙)를 적어.

규칙3. 사다리를 탈 때는 위에서 아래로 내려가다 가로선을 만나면 가로로, 세로선을 만나면 세로로 끝까지 내려가야 해. 이때, 위로 다시 올라가거나 선을 건너뛰면 안 돼.

언제나 한 사람이 하나의 결과를 선택하게 되는 이유는 사다리타기가 일대일 대응이 되는 함수기 때문이야. 함수는 어떤 수 x값이 하나 정해지면 그에 따라 y의 값이 정해지는 관계를 말해. 사다리타기는 이런 함수 중에서도 x값이 정해지면 그에 따라 y의 값도 단 하나로 정해지는 일대일 대응 함수지.

마술 같은 우연의 일치

미국의 제16대 대통령 에이브러햄 링컨과 제35대 대통령 존 F. 케네디는 둘 다 암살당했다. 그런데 두 전직 대통령 사이에는 으스스한 우연의 일치가 참 많다.

Abraham Lincoln　　　　**John F. Kennedy**

링컨이 처음 의원이 된 것은 1847년,
케네디는 1947년.

링컨이 대통령이 된 해는 1861년,
케네디는 1961년.

링컨을 암살한 부스가 태어난 해는 1839년,
케네디를 암살한 오즈월드가 태어난 해는 1939년.

이러한 마술 같은 우연의 일치들은 수학적으로 얼마든지 있을 수 있는 일이다. 링컨과 케네디의 삶은 약 100년 정도 차이가 나므로 둘 사이에 100년 차이가 나는 숫자들이 나올 확률은 매우 높다. 다만 한두 가지에 그치지 않아 사람들의 기억 속에 영원한 미스터리로 남아 있다.

핑크 공주의 마술 방해 작전

 똘똘한 여자아이를 유령 세계로 보내고 난 뒤, 난 깊은 슬픔에 빠졌어. 내가 저지른 일을 어떻게든 해결해야만 했지. 방법은? 당연히 핑크 공주를 방해하여 아이들을 단 한 명도 유령 세계로 보내지 않는 거야! 하지만 어떤 방법으로? 방법을 생각하기도 전에 나는 마술 카페에 도착했어.
 "천재야, 왜 이렇게 늦었어? 오늘은 마술 공연을 두 번이나 해야 하니까 어서 준비해."
 마술 공연을 두 번 하겠다는 말은 아이 둘을 유령으로 만들겠다는 뜻이지. 공연이 시작되기 전에 막고 싶었지만

손쓸 틈도 없이 핑크 공주의 공연은 시작되었어. 핑크 공주는 핑크색 마술봉을 마구 휘두르며 코맹맹이 소리로 외쳤지.

"이번에 보여 드릴 마술은 손과 입을 쓰지 않고 촛불 끄기입니다. 진짜 촛불인지 확인해 볼까요?"

핑크 공주는 초에 불을 붙인 뒤 주리에게 내밀었어. 주리는 입으로 후 불어 촛불을 껐어.

핑크 공주는 다시 촛불을 켜서 무대 위에 올렸어.

"이제 제가 입을 사용하지 않고 촛불을 끄겠습니다. **여러분 핑크 공주의 마술을 믿나요?**"

"네!"

그 순간 핑크 공주는 북을 퉁 쳤어. 연습대로라면 촛불이 꺼져야 했지. 하지만 초가 통째로 넘어져 테이블보에 불이 붙고 말았어.

"헉! 불이야, 불."

나는 소리를 지르며 옆에 있던 담요로 얼른 불을 덮어 껐어. 아이들은 놀라서 마술 카페를 빠져나갔지.

"아유, 큰일 날 뻔했어요. 이만하길 다행이에요."

나는 호들갑을 떨며 핑크 공주를 위로했어. 하지만 초는 사실 내가 일부러 넘어뜨린 거야. 아이들을 내쫓으려고 말이지.

"안천재. 다음에 또 실수하면 끝이야. 알았어?"

핑크 공주의 말대로 나는 다음 마술 준비를 단단히 했어. 다음 마술은 내가 제안한 '강아지를 찾아라!'.

공연이 시작되었어. 핑크 공주의 정체를 모르는 순진한 아이들이 또 마술을 보러 몰려들었어.

나는 무대 위에 미리 준비한 커다란 상자들을 올렸어. 각각의 상자 뒤에는 리모컨으로 작동하는 녹음기를 하나씩 붙여 두었어. 상자 앞에는 구별할 수 있게 1, 2, 3, 4라고 숫자를 적어 두었지.

"이번 마술은 특별 이벤트! 나, 핑크 공주가 여러분께 강아지를 선물합니다. 여기 이 네 상자에는 아무것도 들어 있지 않아요."

핑크 공주는 1, 2, 3, 4 숫자가 적힌 네 상자의 뚜껑을

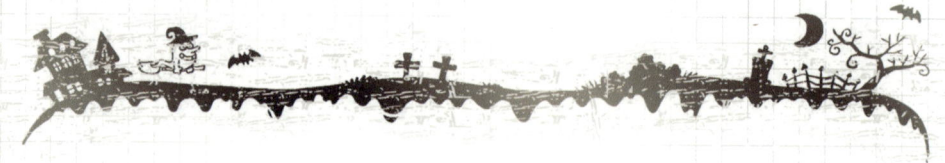

하나씩 열어 보여 주었어. 과연 안에는 아무것도 들어 있지 않았지. 핑크 공주는 상자의 뚜껑을 닫았어. 그러고는 주문을 외우는 척하며 화려한 동작으로 아이들의 시선을 끌었어. 그때 내가 무대에 올라가 핑크 공주를 돕는 척하며 상자 하나에 미리 약속한 동물을 넣고 내려왔어.

"여러분 핑크 공주의 마술을 믿습니까? 그렇다면 이 상자 중 하나에서 강아지가 나올 것입니다. **강아지를 찾는 분께 그 강아지를 드립니다.** 무대 위로 빨리 올라오세요."

핑크 공주의 말이 끝나기가 무섭게 아이들이 무대로 몰려들었어. 나는 아이들을 간신히 뜯어말려 몇 명만 무대 위로 올려 보냈지. 그러고는 리모컨으로 미리 준비한 녹음기를 틀었어.

1번 상자에서부터 차례로 목소리가 흘러나왔어.

"자, 잘 들었죠? 이 네 사람 가운데 세 명은 거짓을 말하고 오직 한 사람만 진실을 말하고 있답니다. 여러분, 강아지는 어디 있을까요?"

핑크 공주가 물었어.

"1번이요."

맨 처음 올라온 아이가 말했어. 핑크 공주는 나를 쳐다보았지. 핑크 공주도 어느 상자에 강아지가 있는지 몰랐거든. 나는 어깨를 으쓱했어. 나도 모른다는 듯이.

"좋아! 1번인지 한번 열어 볼까? 귀여운 강아지가 왈왈 짖으며 나올까?"

핑크 공주가 우아하게 팔을 휘두르며 1번 상자의 뚜껑을 열었어. 강아지는 없었어.

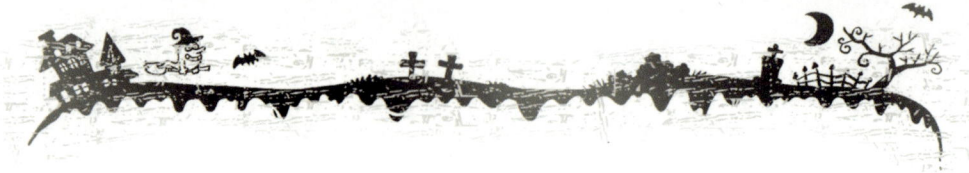

두 번째 올라온 아이는 2번을 찍었어. 하지만 2번 상자에도 강아지는 없었어. 다음 아이는 3번을 찍었고, 강아지는 또 없었지.

"4번이요."

"좋아. 어서 열어 보자."

네 번째 아이가 4번을 찍자 핑크 공주는 서둘러 4번 상자 앞으로 갔어. 나는 슬그머니 의자 위로 올라갔지. 주리가 이상한 눈초리로 나를 쳐다보았지만 애써 딴청을 피웠어.

"좋아. 4번 상자에는 강아지가 들어 있을까? 여러분, 핑크 공주의 마술을 믿습니까?"

"네!"

두둥! 핑크 공주는 4번 상자의 뚜껑을 벌컥 열었어. 그 순간 강아지보다 훨씬 작은 검은 물체가 여럿 튀어나왔어. 찍찍찍 찍찍찍 요란한 소리를 내며.

"꺄악! 쥐다."

아이들은 꺅꺅 소리를 지르며 달아났어. 나는 의자 위에서 두 손으로 귀를 막고 서서 조용해지기만 기다렸지.

"어, 어떻게 된 거야?"

핑크 공주가 쉰 목소리로 내게 물었어.

"모르겠어요. 난 분명 강아지를 넣어 놨는데……. 내가

쥐를 얼마나 싫어하는데. 아우, 징그러워. 난 바퀴벌레보다 쥐가 백배 천배 더 싫어요."

이럴 땐 무조건 시치미가 최고야!

강아지는 몇 번 상자에 들어 있을까?

세 사람이 거짓인 경우의 수는 (1, 2, 3), (1, 2, 4), (2, 3, 4), (1, 3, 4) 4가지야. 각 경우마다 확인해 볼까?

1, 2, 3번 말이 거짓인 경우	1. 강아지는 2번, 3번에 없다. 2. 강아지는 1번, 4번에 없다. 3. 강아지는 3번에 없다. 4. 강아지는 4번에 없다.	강아지는 아무 데도 없어.
1, 2, 4번 말이 거짓인 경우	1. 강아지는 2번, 3번에 없다. 2. 강아지는 1번, 4번에 없다. 3. 강아지는 3번에 있다. 4. 강아지는 4번에 있다.	이 경우 3번과 4번의 말이 충돌해.
2, 3, 4번 말이 거짓인 경우	1. 강아지는 2번 아니면 3번에 있다. 2. 강아지는 1번, 4번에 없다. 3. 강아지는 3번에 없다. 4. 강아지는 4번에 있다.	이 경우 1번과 4번의 말이 충돌해.
1, 3, 4번 말이 거짓인 경우	1. 강아지는 2번, 3번에 없다. 2. 강아지는 1번 아니면 4번에 있다. 3. 강아지는 3번에 없다. 4. 강아지는 4번에 있다.	충돌하는 말이 없어.

강아지는 4번 상자에 있었어.
천재가 강아지를 쥐로 바꿔 놓긴 했지만 말이야.

10

매직스의 삼각뿔 마술 상자에 갇히다

"안천재, 내일 꼭 나와. 특별히 끔찍한 분리 마술을 할 테니. 분리될 사람은 누군지 말 안 해도 알겠지?"

핑크 공주는 나를 보며 흐흐흐 요괴 웃음을 웃었어. 내 몸을 조각조각 '분리'하려 하다니! 정말 요괴다운 복수야. 나는 바들바들 떨면서 집으로 돌아갔어. 그리고 결심했지. 유령 세계에서 주리와 아이들을 구출하는 일을 그만두기로 말이야. 처음부터 나 같은 초등학생에겐 너무 어려운 일이었어. 나는 재미있게 학교 다니고, 틈틈이 공부하고, 친구들과 놀면 그만이잖아.

"그 친구들이 다 유령 세계로 끌려가면 어쩔래?"

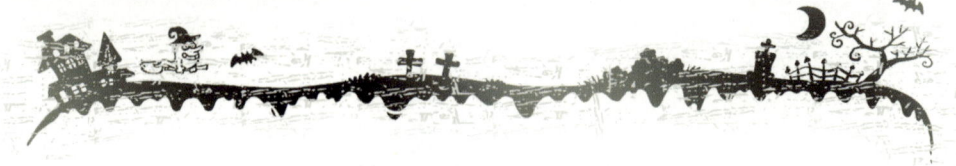

느닷없이 탐정 유령이 내 생각에 끼어들어 물었어.
"다른 친구 사귀면 되죠."
"다른 친구도 데려가면?"
"또 다른 친구 사귀죠. 또 다른 친구도 데려가면 또 또 다른 친구 사귈 거예요."
아이고! 내가 생각해도 좀 억지였어. 의리 빼면 수학 잘하는 거밖에 안 남는 안천재가 할 말은 아니었지. 아무래도 나는 유령 세계의 문제를 해결할 원대한 임무를 띤 채 이 땅에 태어났나 봐. 슈퍼맨이나 배트맨처럼 영웅이 될 인물인 거지. 원래 영웅은 어린 시절에 힘든 일을 많이 겪잖아.
다음 날 나는 한숨을 푹 쉬고 마술 카페로 뛰어갔어.
"그래요, 시작해요. 분리하라고요."
그런데 핑크 공주가 고개를 저으며 말했어.
"됐어. 주리를 분리할 거야. 넌 얼굴이 너무 웃기게 생겨서 안 되겠다."
"정말요? 언니, 나 정말 잘 분리될 자신 있어요."
이건 웬 엽기적인 대사냐!
아무튼 마술과 엽기를 좋아하는 주리는 신나서 무대 위로 뛰어 올라갔어.

근데 참 이상하지? 내 몸이 분리되지 않는다고 생각하니 살짝 섭섭한 거 있지!

무대에는 벌써 분리 마술을 위한 무대 장치가 마련되어 있었어. 나는 무대 장치를 살피는 척하면서 무대 밑의 비밀 통로를 가린 나무 판을 헐겁게 해 놓았어.

"여러분, 핑크 공주의 마술을 믿나요?"

"네!"

"지금부터 여러분의 친구 주리가 들어 있는 상자를 옮겨 주리의 몸을 분리시킬 거예요."

핑크 공주는 주리의 머리가 들어 있는 상자를 번쩍 들어 무대에 내려놓고, 또다시 몸이 들어 있는 상자를 번쩍 들어 내려놓았어.

"와~!"

아이들은 소리를 질렀어.

"그럼 머리가 잘 있나 볼까요? 주리야."

핑크 공주는 머리가 든 상자의 문을 열었어. **생글생글** 웃는 주리 얼굴이 보였어. 몸통이 없는데도 씩씩한 모습!

"다음은 몸이 잘 있나 볼까요?"

주리의 손이 몸이 든 상자에서 뻗어 나와 흔들렸어.

"다리는 잘 있나?"

핑크 공주는 주리의 다리가 든 상자의 문을 열었어. 주리의 두 발이 뛰는 시늉을 했어. 사실 두 발은 가짜 모형 발이야. 무대 밑에서 주리가 움직이게 한 거지. 바로 이때, 나는 비밀 통로를 가린 나무 판을 떼어 냈어.

"뭐야, 무대 밑에서 몸이 돌아다니며 움직이고 있잖아요. 완전 속임수!"

마술 카페는 순식간에 야유와 웃음바다가 되었어.

"안천재, 너 뭐 하는 거야? 일부러 방해한 거야? 내 마술을 망치려고?"

핑크 공주는 화가 나서 방방 뛰며 소리쳤어. 코를 씩씩 불고, 입술을 실룩거렸지.

주리도 빽 소리를 질렀어.

"이건 핑크 언니의 마술이기도 하지만 내 마술이기도 해. 너, 내 마술을 이렇게 방해해도 돼?"

"핑크 공주님, 제가 그런 게 아니에요. 저는 모르는 일이라고요. 주리야, 믿어 줘."

나는 한숨을 푹푹 쉬면서 눈을 깜박였지.

"안천잰지 뭔지 너 이 녀석. 당장 사라져. 다시는 내 마술 카페에 발도 들이지 마."

핑크 공주가 차갑게 말했어.

밖에 나오니 좀 살 것 같았어. **핑크 요괴**는 나쁜 기운을 풍기는지 마술 카페에만 들어가면 숨이 막혔거든. 밖에서 나를 기다린 탐정 유령이 호르르 날아왔어.

"천재야, 잘 했어? 아니 잘 망쳤어?"

"내가 누구예요? 이제 곧 핑크 공주의 마술은 인기가

떨어질걸요. 애들이 엄청 실망했다고요."

핑크 요괴를 감쪽같이 속이다니! 킬킬킬. 탐정 유령과 나는 배꼽을 잡고 웃었어. 바로 그때 서늘한 바람이 왼쪽 뺨을 스쳤어.

"역시, 뭔가 있다 했어. 나를 방해하러 온 **뚱땡이 유령**과 한패였구나."

핑크 공주, 아니 요괴가 나와 탐정 유령의 얘기를 듣고 있었던 거야. 당장 달아나고 싶었지만 발이 땅에 딱 붙어서 꼼짝을 할 수 없었어. 탐정 유령도 꼬리가 벽에 딱 붙었는지 달아나지도 못하고 얼음처럼 굳어 있었지.

"**내 요괴 에너지 맛 좀 봐라.** 나를 속이고, 내 마술을 망친 벌이다."

핑크 요괴는 마술봉으로 내 머리끝에서 발끝까지 둥근 원을 그리며 휘둘렀어. 아주 빠르게, 빠르게, 빠르게.

그러자 눈이 스르르 감기면서 갑자기 잠이 쏟아졌어. 무척 피곤한 일을 겪고 난 것처럼 말이야. 핑크 공주를 상대하는 게 피곤한 일이긴 하지만. 그리고 나는 잠깐 정신을 잃었어

눈을 떠 보니 차가운 상자 안이었어.

"여긴 어디지? 밖에 누구 없어요? 탐정 유령! 핑크 공주!

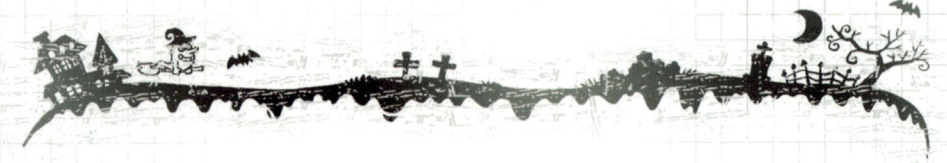

주리야! 나 좀 꺼내 줘요."

상자 벽을 두드리며 정신없이 소리쳤지.

"오호! 정신이 좀 들었나? 가짜 천재 안천재. 네가 갇힌 곳은 매직스에게 훔친 마술 상자야. 매직스가 아니고는 아무도 빠져나오지 못하는 진짜 마술 상자지. 어디 한번 잘해 봐. 난 주리와 함께 유령 세계로 간다. 마술 왕 대회가 바로 내일이거든! 영원히 안녕. 핫하하하."

핑크의 끔찍한 요괴 웃음이 점점 멀어졌어.

이제 난 어떻게 해야 하지?

"천재야! 천재야, 괜찮아?"

다행이 밖에 탐정 유령이 있었어.

"아니요. 난 곧 안 괜찮아질 것 같아요. 빨리 날 좀 꺼내 줘요."

"나도 그러고 싶은데 상자를 못 열겠어. 유령 세계에 가서 매직스한테 물어보고 올게."

"그럼 빨리 갔다 와요. 빨리 와야 해요."

혼자 있기는 무섭지만 용감하게 갇혀 기다리기로 했어.

"응. 며칠만 기다려."

며칠이라고? 며칠 동안 상자 속에 갇혀 있으라고? 여긴 산소도 충분하지 않다고.

"잠깐만요. 빠져나갈 방법을 찾아볼게요. 매직스가 빠져나갈 수 있다면 나도 할 수 있을 거예요."
　나는 마음을 가라앉히고 상자 안을 살폈어. 어두워서 잘 몰랐는데 천정에

세모 모양으로 튀어나온 단추가 있었어. 단추를 누르자 매직스의 목소리가 쩌렁쩌렁 울려 퍼졌어.

당신은 매직스의 삼각뿔 마술 상자에 갇혔습니다. 안됐지만 절대로 밖으로 나올 수 없답니다. 평생을 홀로 상자 속에서······. 핫핫핫. 하지만 매직스는 그렇게 매정한 유령이 아닙니다. 문제를 맞히면 삼각뿔 마술 상자가 열립니다. 상자 밖에서 볼 수 있는 각 면에 삼각뿔의 전개도를 하나씩 그려 넣으세요. 무사히 탈출하시길! 매직스!

　매직스의 경쾌한 목소리가 뚝 끊겼어. 주위가 아주 조용해졌어.
　"탐정 유령님, 빨리 문제를 풀어 봐요."
　"알았어. 삼각뿔의 전개도쯤이야 누워서 떡 먹기지. 조금만 기다려 봐."
　탐정 유령이 상자 벽에 전개도를 그리는 소리가 났어. 슥슥 슥슥. 나는 숨을 죽인 채 상자가 열리기를 기다렸지.
　"다 했다."
　상자는 열리지 않았어. 조금의 틈도 벌어지지 않았지.
　"진짜 다 한 거 맞아요? 상자가 안 열리잖아요."
　"이상하네, 내 눈 앞에 보이는 두 면에 다 그렸는데. 전개도 모양을 다르게 그리기가 얼마나 힘든 줄 알아?"
　두 개? 나는 머릿속으로 삼각뿔을 그리고 겉에서 볼 수 있는 면을 세어 봤어.

뭐가 틀렸는지 금방 알아챌 수 있었지.

"탐정 유령님, 전개도를 세 개 그려야 해요."

부스럭거리며 전개도를 하나 더 그리는 소리가 났어. 쩡! 상자가 갈라지는 소리가 나더니 빛이 쏟아져 들어왔지. 드디어 탈출이구나!

삼각뿔의 전개도

삼각뿔은 모두 네 면이야. 삼각뿔을 세우면 한 면은 바닥에 닿아 보이지 않고 나머지 세 면은 모두 보이지. 매직스의 문제를 풀려면 삼각뿔 전개도를 세 개 그려야 해.

밑면 옆면

삼각뿔로 그릴 수 있는 전개도는 이 네 개야. 매직스의 문제를 풀려면 이 중 세 개를 세 면에 하나씩 그려 주면 돼.

11

수학 스핑크스가 낸
두 번째 수수께끼

"또 왔구나, 작은 사람."

삼각뿔 마술 상자에서 나온 나를 기다리는 건 **스핑크스 유령**이었어. 도대체 내 인생에는 왜 유령과 요괴만 득실거리는 거냐? 천사는 바라지도 않는다고! 평범한 사람만이라도 만나게 해 달라고!

"내가 왜 유령 세계 입구에 있는 거지?"

스핑크스는 묘한 웃음을 히죽 흘리더니 내 옆에 둥둥 떠 있는 탐정 유령의 뒷덜미를 잡아 유령 세계로 던져 넣었어. 나만 혼자 남겨 둔 거야.

스핑크스는 성큼성큼 내 앞으로 다가왔지.

"헉! 왜 이러시는 거예요?"
무서워서 **주춤주춤** 물러났어.
"난 유령 세계에 안 들어갈 거예요. 그럼 안녕히 계세요."
꾸벅 인사를 하고 막 돌아서는데 아무리 발을 움직여도 앞으로 나가지를 않는 거야. 스핑크스가 내 뒷덜미를 잡고 있었거든.

"여기까지 와서 그냥 갈 순 없지. 문제를 풀고 가."

스핑크스는 나를 작은 피라미드 위에 올렸어. 그러자 피라미드가 위로 쑥쑥 올라갔어. 나는 순식간에 높은 탑에 갇힌 신세가 되고 말았지. 라푼젤이라면 긴 머리카락으로 사다리를 만들어 내려오겠지만 머리카락이 짧은 나는 어쩌나? 나는 피라미드 꼭대기에 앉아 짧은 다리를

대롱거리며 걱정에 빠졌어.

"너무 걱정하지 마. 문제를 풀면 내려갈 수 있어."

스핑크스는 고리가 3개씩 연결된 사슬 5묶음을 던져 주었어.

"그 사슬들을 연결하여 붙잡고 내려오렴. 사슬을 열어 다른 고리에 걸면 돼. 간단하지? 그러니까 6분 안에 연결하도록. 사슬 고리 하나를 벌리는 데 1분, 조이는 데 1분이 걸린다."

난 너무 당황해서 사슬을 떨어뜨릴 뻔했어.
더구나 6분은 너무 짧잖아.

"사슬이 5묶음이니까 한 개당 2분씩 10분은 있어야죠."

하지만 스핑크스는 내 핑계를 들어줄 만만한 상대는 아니었지.

"자, 시작."

똑딱똑딱, 엄청난 소리로 초침이 울렸어. 나는 무조건 고리를 연결하기로 했어. 엄청 뻑뻑한 고리를 1분 동안

겨우 벌리고, 힘껏 조이고, 또 겨우 벌리고 힘껏 조이고, 또…….

"땡! 6분 지났어."

아직 다 연결하지 못한 내 사슬은 바닥으로 툭툭 떨어졌어.

"스핑크스, 날 어쩌려고요?"

두려워서 목소리가 발발 떨렸어.

"넌 이제 유령도 아니면서 평생을 유령 세계 문 앞에 있는 피라미드 위에서 살게 되는 거지. 죽지도 살지도 못하는 안타까운 신세가 되는 거야!"

소름이 오싹 끼치면서 눈물이 찔끔 나왔어. 나는 스핑크스에게 애원을 했지.

"안 돼요. 난 아직 할 일이 많아요. 학교도 졸업해야 하고, 예쁜 여자랑 연애도 해야 하고, 장가도 가야하고, 서른 살이 되기 전에 세계 일주도 가야 해요. 피라미드 위에 갇혀 평생을 보낼 순 없어요. 제발 기회를 한 번 더 줘요, 네?"

스핑크스는 눈을 동그랗게 뜨고, 고개를 갸웃거리며 나를 쳐다보았어. 난 불쌍한 아기 고양이처럼 간절한 눈빛을 쏘아 보냈지.

"좋아. 이번이 마지막이야. 6분 안에 연결해."
스핑크스는 사슬 5묶음을 다시 던져 주었어.
"시작!"
스핑크스의 말이 떨어지자마자 삭삭삭 고리를 벌려서 삭삭삭 연결했어.
"6분 다 됐어."
"저도 다 됐어요."
나는 길게 연결한 사슬을 늘어뜨려 피라미드 밑으로 내려왔어.

"흠, 역시 소문대로 똑똑하군. 하지만 나도 만만치 않지."

스핑크스 유령은 호랑이 발바닥 같은 두툼한 앞발을 들어 올리더니 내 발 밑을 퉁 쳤어.

그러자 발 밑이 한없이 꺼지면서 나는 깊은 우물 속으로 떨어지려고 했어. 나는 겨우 몸의 균형을 잡았어.

"이봐요, 스핑크스. 도대체 나를 왜 괴롭히는 거예요? 문제도 풀었잖아요."

"그러는 너도 말 좀 해 보시지. 마술 왕을 왜 괴롭히는 거야?"

"마술 왕 매직스요? 난 매직스를 만난 적도 없고, 괴롭힌 적은 더더욱 없어요."

나는 위를 향해 쩌렁쩌렁 소리쳤어. 스핑크스의 고개가 오른쪽으로 갸우뚱했어.

"이상하다. 좀 전에 핑크가 지나가면서 '수학 좀 하는 **똑똑한 꼬마 사람**이 매직스를 괴롭히러 온다.'며 혼내 달라던데. 그게 너 아니냐?"

"똑똑한 꼬마 사람은 맞는데 매직스를 괴롭히러 온 건 내가 아니라 핑크예요."

캬웅. 스핑크스는 발톱을 드러내며 할퀴는 시늉을 했어.

"핑크가 그럴 리 없어. 얼마나 착한데……."

착한 게 아니라 예쁘겠죠. 스핑크스도 나처럼 착한 것과 예쁜 것을 착각하는 게 틀림없어.

나는 스핑크스에게 그동안의 이야기를 들려주었어.

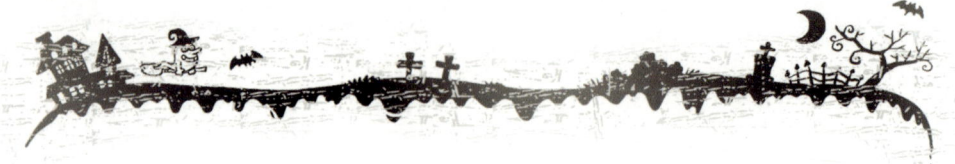

유령 세계에 갑자기 어린 유령들이 늘어났고, 그게 다 핑크 공주 때문이라고. 핑크 공주가 마술 왕이 되면 유령 세계는 요괴들이 점령할 거라고!

내 말을 듣던 스핑크스의 눈이 점점 커졌어.

이제 스핑크스도 내 말을 믿어 주겠지? 그런데 스핑크스는 갑자기 커다란 앞발에 머리를 묻고 흐느끼며 우는 거야.

"다 내 잘못이야. 내 탓이야! 핑크는 정말 착하고 예쁜 아이였다고."

도대체 이게 무슨 말이지? 나는 멍하니 앉아 스핑크스의 이야기를 들어야만 했어.

"난 예전에 매직스의 **마술 고양이**였어. 어느 날 핑크라는 예쁜 아이가 매직스에게 마술을 배우러 왔지. 난 핑크를 좋아했는데 핑크는 고양이를 무서워했어. 그게 약 올라서 내가 핑크를 괴롭혔어. 매직스의 다른 제자들과 똘똘 뭉쳐 핑크를 놀리고, 핑크 마술만 안 도와주고……."

"왕따를 시켰단 말이에요?"

스핑크스가 고개를 푹 숙였어.

"핑크는 어느 날 갑자기 사라졌어. 마술이 싫어져서 그런 줄 알았는데 그게 아닌가 봐. 그렇지?"

"그걸 꼭 물어야 알아요? 그러니까 스핑크스 때문에, 당신이 상처를 주는 바람에 핑크가 못된 유령으로 변했단 말이잖아요. 어쩔 거예요? 책임져요."

나는 스핑크스에게 버럭버럭 화를 냈어. 스핑크스는 세상에서 가장 불쌍한 아기 고양이 표정으로 나를 쳐다보다가 느닷없이 꼬리를 흔들었어. 살랑살랑살랑. 아, 왜 이렇게 몽롱해지는 거지?

6분 만에 사슬 잇는 법

각각의 사슬을 하나씩 벌리고(1분) 조이면(1분), 모두 네 번을 벌리고 조여야 해. 8분이 걸리겠지? 하지만 한 묶음의 사슬 3개를 모두 벌리면 시간을 줄일 수 있어. 그 고리로 나머지 사슬 4묶음을 연결하는 거야.

1. 한 묶음의 사슬 3개를 모두 벌려. 1분씩 총 3분이 걸리지.

2. 벌린 사슬로 나머지 4묶음을 연결해. 3번 조이니까 3분이 걸려. 이렇게 되면 3번 사슬을 벌리고 3번 사슬을 조이니까, 1(분)+1(분)+1(분)=3(분) 3(분)×2=6(분) 모두 6분이 걸리지.

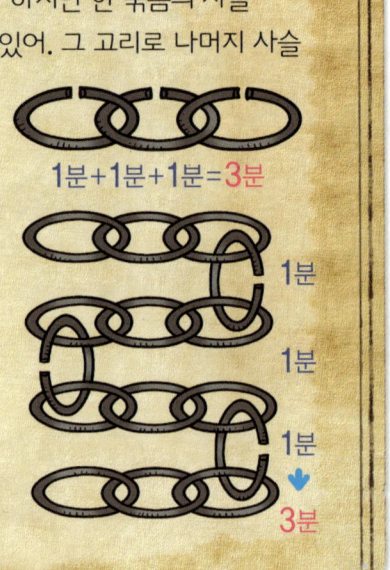

1분+1분+1분=3분
1분
1분
1분
3분

어떤 수라도 1로 만드는 마술 계산

독일의 수학자 로타르 콜라츠는 '어떤 수라도 1로 만드는 마술 계산법'을 공개했다.

> 1. 어떤 수가 짝수면 2로 나눈다.
> 2. 어떤 수가 홀수면 3을 곱하고 1을 더한다.
> 3. 답이 1이면 계산을 멈추고, 답이 1이 아니면 1, 2 과정을 되풀이한다.

위 계산법을 증명해 보고 싶다면 일단 어떤 수를 생각해 보자. 계산이 되풀이되니 작은 수를 생각하는 것이 유리하다.

3을 예를 들어 보자.

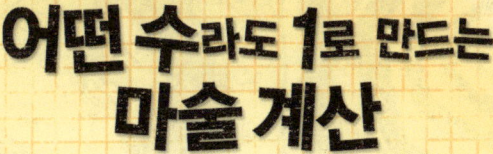

이처럼 결국 1이 만들어진다.

'콜라츠의 추측'이라고 불리는 이 계산법은, 숫자의 크기가 오르락내리락하다가 결국에는 작아지는 모습이 마치 구름에서 오르락내리락하다가 땅으로 떨어지는 우박과 같다고 하여 '우박수'라고도 불린다.

12

마술 왕 매직스의 수학 비밀

"꼬마 도둑 녀석이 나타났구나."

나를 맞이한 건 어릿광대가 아니라 화분 할머니의 '도둑' 소리였어. 부끄러웠지만 할머니가 "도둑이야!" 소리 지르며 경찰 유령을 부르지 않은 것만도 감사해야겠지. 이럴 때 탐정 유령은 어디 간 거야? 내 사정을 좀 같이 설명해 주면 좋잖아?

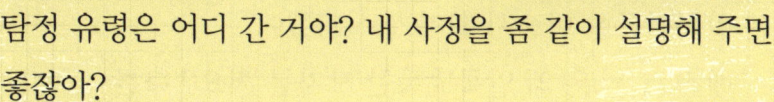

"탐정 유령은 좀 전에 왔다 갔단다. 네가 왜 내 마술 비법을 훔치려 했는지도 얘기해 줬지."

할머니 옆에 갑자기 누군가 마법처럼 나타나 말했어. 마술 왕 매직스였지.

"그래도 천재야, 훔치는 건 나빠! 흰 토끼처럼 순결한 마음을 지키세요, 매직스!"

매직스는 내 머리카락 속에서 흰 토끼를 한 마리 꺼냈어. 또 한 마리, 또 한 마리…….

내 머리카락 속에서 무려 열두 마리 토끼가 깡충깡충 뛰어나왔어.

나는 흰 토끼처럼 순결하다 못해 멍청한 눈으로 매직스를 쳐다보았어. 노란 곱슬머리 위에 쓴 알록달록한 마술사 모자가 신기했어.

"매직스 님은 왜 알록달록한 모자를 써요? 다른

마술사들은 검은 모자를 쓰던데."

"마술은 사람들에게 기쁨을 주는 일이야. 검정보다는 알록달록한 색깔이 더 기분 좋지 않겠어?"

역시 마술 왕이야! 어린이들을 유령으로 만드는 핑크 공주와 수준이 다르군. 나는 최대한 불쌍한 표정을 지으며 하소연을 했어.

"매직스 님. 핑크 공주가 내 친구들을 유령으로 만들었어요. 주리는 핑크 공주한테 빠져서 다신 돌아오지 않을 것 같아요. 내 친구들을 다시 돌려보내 줘요. 스핑크스는 자기 탓이라고 했지만 결국은 핑크 공주 잘못이라고요."

매직스는 한숨을 푹 쉬었어.

"핑크가 그렇게 된 건 내 탓이야"

유령들은 원래 다 착한가? 스핑크스도 그렇고, 매직스도 왜 핑크 공주의 잘못을 감싸 주려고만 할까?

"핑크는 마술에 소질이 별로 없었지만 마음씨는 참 착했단다. 나는 핑크를 훌륭한 마술사로 길러 보려고 엄하게 대했지. 야단도 많이 치고, 연습도 많이 시켰어. 다른 조수들보다 훨씬 많이. 핑크는 주눅이 들었던 것 같아. 그때 스핑크스와 다른 조수들이 핑크를 무시하고

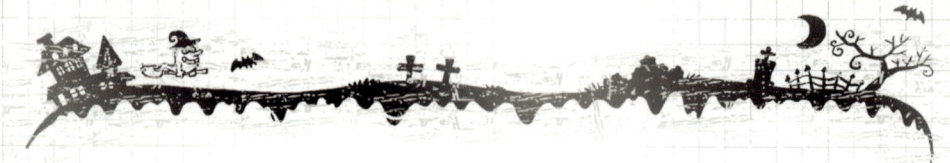

따돌렸나 봐. 나는 몰랐어. 내가 잘 살펴야 했었는데."
 사연을 들을수록 핑크 공주가 참 안됐다는 생각이 들었어. 마술 왕이 되어 자신을 무시한 유령들에게 복수를 하려는 마음도 이해할 수 있을 것 같아.
 "핑크는 화를 낼 줄 몰랐어. 속상하고 서운해도 꾹 참기만 했지. 그러던 어느 날 결정적인 사건이 생기고 말았어. 핑크의 동생이 마술을 보러 왔기에 난 핑크에게 기회를 줬어. 동생에게 멋있게 보이라고 말이야. 마술도 쉬운 걸로 골라 줬어. 마술 모자에서 스핑크스 꺼내기. 그런데 스핑크스 녀석이 모자 밖으로 안 나오는 바람에 핑크는 웃음거리가 되고 말았지. 모자를 아무리 흔들어도 스핑크스는 모자 속에서 꼼짝도 하지 않았거든.
 그날 밤 핑크는 무시무시한 어둠의 유령에게 영혼을 팔고 내 마술봉을 훔쳐 갔어. 지금 핑크의 힘은 내 마술봉에 담긴 마술 에너지 덕분이야. 마술봉을 빼앗기면 핑크의 힘도 떨어질 거야. 그럼 예전의 착한 핑크로 돌아오라고 설득할 수 있을 거야."
 "좋아요. 빨리 뺏어 주세요, 마술봉."
 나는 매직스를 졸랐어. 하루라도 빨리 핑크에게서 주리를 구출하고 집으로 돌아가고 싶었거든.

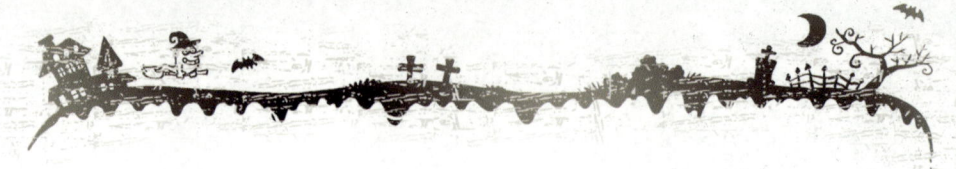

"약간의 문제가 있긴 한데!"

매직스가 이마를 찌푸리며 말했어. 나도 이마를 찌푸렸지. '문제'라는 말만 나와도 머리가 다 아팠거든.

"마술봉을 되찾으려면 마술 왕이 되어야 해. 그 마술봉은 원래 마술 왕만 사용할 수 있어. 지금은 어둠의 에너지 때문에 핑크의 손에 있지만 마술 대회가 시작되면 어둠의 에너지도 소용없어지거든."

"매직스 님이 이기면 되잖아요. 매직스 님은 유령 세계 최고의 마술 왕이잖아요."

"그럼, 우리 손자가 최고지."

꾸벅꾸벅 졸던 화분 할머니가 맞장구를 쳤어.

"당연히 내가 최고지만, 알다시피 핑크가 심사 위원인 어린 유령들을 많이 데려왔잖아. 어린 유령들이 핑크 마술을 좋다고 하면 핑크가 마술 왕이 될 수도 있어. 영영 마술봉을 못 찾을 수도 있다고. 고민이네."

서커스 천막 안의 공기가 무거워졌어. 우리는 모두 한숨만 푹푹 쉬었지. 그때 천막 안으로 시원한 바람이 들어왔어. 탐정 유령이 커튼을 열고 붕붕 날아온 거야.

"고민은 이제 그만. 내가 문제를 해결했어요. 이번 마술 왕 대회 결승전은 두 마술사가 마술 대결을 하여 최종

우승자를 가리기로 결정했어요. 심사 위원이 필요 없게 되었죠. 이게 다 나, 마방진 탐정 유령이 대회 관계자들을 모두 만나 설득한

덕분입니다. 핑크도 이 소식을 들었을 거예요. 핫하하!"

탐정 유령은 마음껏 잘난 척했어. 나도 진심으로 박수를 쳐 주었어. 이 소식을 들은 핑크 공주는 몹시 분노했겠지?

이렇게 되면 올해 우승도 당연 매직스의 차지.

"매직스 님, 자신 있죠?"

매직스에게 물었어.

"당연하지. 나랑 한번 해 볼래?"

대답도 하지 않았는데 매직스는 색깔 컵 세 개와 동전, 방울, 도토리를 가져왔어.

"돌아서 봐."

내가 돌아선 사이 매직스는 컵 아래에 각각 동전, 도토리, 방울을 놓아두었대.

"자, 이제 돌아서서 동전이 있는 컵을 찾아봐."

엥? 내가 아무리 똑똑해도 투시 능력은 없다고요! 컵 아래에 있는 동전을 어떻게 찾냐고요! 내 생각을 읽었는지 매직스가 힌트를 줬어.

♣매직스의 힌트♣
A. 빨간 컵 왼쪽에 초록 컵이 있어.
B. 빨간 컵 오른쪽에 도토리가 있어.
C. 도토리 왼쪽에 동전이 있어.
D. 방울 오른쪽에 빨간 컵이 있어.

"동전을 찾아봐."

나는 데굴데굴 소리가 나도록 머리를 굴려 보았어. 하지만 잘 모르겠어. 이럴 때 필요한 건 뭐? 바로 손이야. 종이에 빨간 컵, 파란 컵, 초록 컵, 도토리, 동전, 방울을 그린 뒤 오려서 힌트대로 직접 만들어 보면 되거든. 시간이 좀 많이 걸려서 그렇지 답을 찾을 수 있어.

"우리 손자를 이길 수 없을걸! 우리 손자가 바로 마술

왕이야."

 내가 꾸물거리는 사이 화분 할머니가 꾸벅꾸벅 졸다 일어나 말했어. 참 특이한 할머니지만 손자 사랑은 알아줘야겠어.

동전은 어디에 있을까?

매직스가 준 힌트에 맞춰 그림을 그리거나 직접 옮겨 봐.

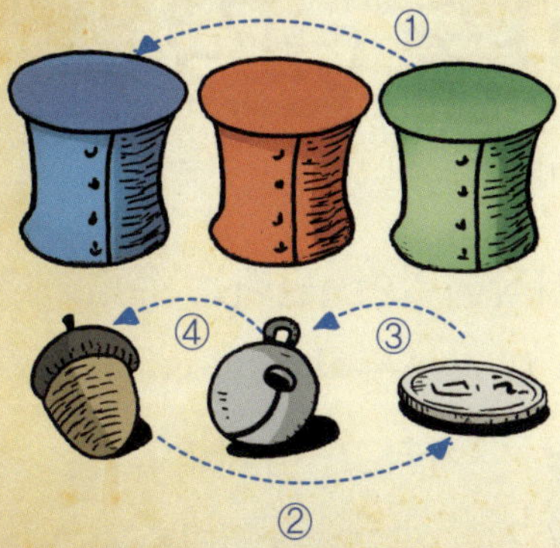

① 빨간 컵 왼쪽에 초록 컵이 있어.
② 빨간 컵 오른쪽에 도토리가 있어.
③ 도토리 왼쪽에 동전이 있어.
④ 방울 오른쪽에 빨간 컵이 있어.

동전은 빨간 컵 아래에 있어.

13
마술사 유령들이 펼치는 주사위 마술 대결

유령 세계 마술 왕 대회가 시작되었어. 원래는 유령 세계 곳곳에서 예선전을 거쳐 뽑힌 마술사들이 모여 본선을 치르고, 마지막 남은 두 유령이 결승전을 치르는 거래. 하지만 이번에는 핑크 공주가 무슨 짓을 했는지 몰라도 매직스 외에는 아무도 예선전에 나오지 않았어. 결승전에 올라갈

두 유령은 자동으로 매직스와 핑크가 되었지.

마술 왕 대회 결승전, 그 첫 번째 무대는 허공에 둥둥 뜬 마술 무대에서 이루어졌어. 나와 탐정 유령을 비롯한 관객들은

어둠에 휩싸인 무대를 숨죽여 바라보았어.

"전년도 마술 왕 매직스!"

사회자의 소개와 함께 무대 바닥에서 무지개 색 빛과 노란색 구름이 뭉게뭉게 피어올랐어. 구름 속에서 검정 망토를 입고, 알록달록한 마술 모자를 쓴 매직스가 뛰어나왔어.

"여러분, 마술을 믿습니까? 매직스!"

매직스의 차림새는 좀 우스꽝스러웠지만 목소리는 아주 경쾌하고 자신만만했어.

"결승전에 오른 미녀 마술사 핑크!"

핑크색 연기가 구렁이처럼 구물구물 솟아올라 동글동글 회오리쳤어. 그 안에서 핑크 목걸이, 핑크 레이스 원피스와 핑크색 마술 모자를 쓴 핑크 공주가 우아하게 걸어 나왔지.

핑크 공주는 나쁜 요괴인데 왜 이렇게 예쁜 거냐! 나는 가슴을 탕탕 쳤어.

"왜? 우리 핑크 언니한테 불만 있어?"

낯익은 목소리가 불쑥 들렸어. 나는 화들짝 놀라 옆을 바라보았지.

"주리야! 언제부터 여기 있었어? 핑크 공주, 아니 핑크 요괴는 이번 대회에서 끝장날 거야. 제발 정신 좀 차려."
"무슨 소리야? 핑크 언니는 마술 왕이 될 거고, 난 핑크 언니의 뒤를 이어 유령 세계 최고의 마술사가 될 거야."
주리는 내 말은 듣지도 않고 핑크 공주만 쳐다보았어.

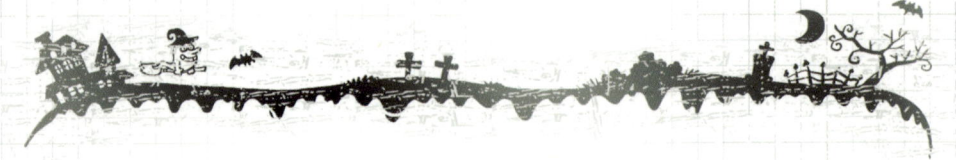

"결승전 첫 번째 대결은 주사위 마술입니다. 전년도 마술 왕 매직스가 먼저 주사위 마술을 선보입니다."

매직스와 핑크 공주가 동그란 탁자를 가운데 두고 마주 섰어. 핑크 공주가 마술봉을 훔쳐 간 뒤 처음 만나는 거래. 매직스는 따뜻한 눈빛으로 핑크 공주를 바라보았어. 한때는 자신이 아꼈던 제자니까. 핑크 공주는 안절부절못하며 고개를 이리저리 돌렸어. 핑크 공주가 아무리 어둠의 유령에게 영혼을 팔았더라도 죄책감을 완전히 덜지는 못했나 봐.

"시작할게, 핑크야."

매직스는 노란 망토에서 주사위 두 개를 꺼냈어.

"잠깐만요. 그 주사위에 속임수가 없다는 걸 어떻게 믿죠?"

매직스의 얼굴에 실망의 빛이 지나갔어. 핑크가 자신을 믿지 못하니까.

"이건 그냥 평범한 주사위야. 날 못 믿니, 핑크?"

"내 주사위로 해요. 그래야 공평하죠."

핑크 공주는 핑크색 주사위 두 개를 탁 내려놓았어. 매직스가 자기 주사위를 버리고 핑크 주사위를 손에 들었어. 나는 손을 번쩍 들고 외쳤지.

"핑크 공주의 주사위에 속임수가 없다는 걸 어떻게 믿어요?"

핑크 공주가 눈을 사납게 뜨고 뭐라고 하려는데 매직스가 먼저 말했어.

"난 핑크를 믿어."

나는 힘없이 주저앉았어.

"핑크, 내가 뒤돌아 있을 테니 주사위 두 개를 던진 뒤 둘을 겹쳐서 테이블 위에 올려놔."

매직스가 뒤돌아 있는 동안 핑크 공주는 주사위 두 개를 던진 뒤 둘을 겹쳐 놓았어.

"제대로 겹쳐 놓았는지 잠깐 확인할게."

매직스는 힐끗 뒤돌아 확인하고는 다시 돌아서서 말했어.

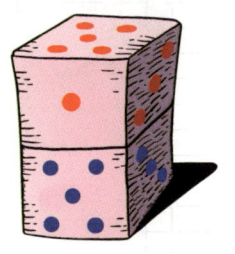

"이 주사위에는 내가 절대로 볼 수 없는 세 면이 있어. 탁자와 맞닿은 한 면, 주사위끼리 맞닿은 두 면. 하지만 나는 보지 않고도 이 세 면의 숫자를 합한 답을 알고 있지. 그 답을 이 마술 종이에 쓸 거야."

매직스는 종이에 숫자를 써서 접은 뒤 핑크 공주에게 내밀었어.

"이제 확인해 볼까?"

매직스가 뒤돌아섰어. 핑크 공주는 겹쳐진 주사위에서 안 보이는 세 면의 숫자를 확인했어.

"5의 반대 면은 2, 2와 겹쳐진 면은 6, 맨 아랫면은 1. 합은 9."

핑크 공주는 계산을 마친 뒤 매직스가 내민 마술 종이의 숫자를 확인했어.

"9."

역시 매직스야. 나와 탐정 유령은 벌떡 일어나서 박수를 쳤어. 핑크가 나를 노려보았어.

"이건, 속임수야."

핑크 공주는 핑크 주사위를 집어던졌어.

매직스는 핑크가 내던진 주사위를 주워 들고, 자신의 주사위를 하나 더해 주사위 세 개를 테이블 위에 올려놓았어.

"이번엔 핑크 차례. 내가 똑같은 방법으로 주사위 세 개를 던진 뒤 쌓을 테니 안 보이는 면에 있는 숫자의 합을 마술 종이에 적어 봐."

"좋아. 매직스가 할 수 있으면 나도 할 수 있어."

핑크 공주는 부들부들 떨며 뒤를 돌았어. 매직스는 주사위 세 개를 던진 뒤 조심스럽게 쌓았어.

"제대로 했는지 확인해 봐."

"안 봐도 알아요. 난 최고의 마술사라고요."

핑크 공주는 마술 종이를 들고 부들부들 떨었어. 그러더니 숫자를 하나 적어 넣었지.

"이제 확인해 볼까?"

핑크 공주는 주사위를 뒤집어서 겹쳐진 면을 확인했어.

맨 윗면의 숫자는 4. 4의 반대 면은 3. 두 번째 주사위의 윗면이 4, 그러면 그 반대 면 역시 3. 세 번째 주사위의 윗면이 5, 그 반대 면이 2. 합은 17. 하지만 핑크 공주가 쓴 숫자는 100. 핑크 공주는 정말 수학적 감각이 빵점이었어.

핑크 공주는 매직스의 마술이 속임수라며 소리쳤어.

분위기가 험악해지려하자 탐정 유령이 사회자의 마이크를 뺏어 진행을 시작했어.

"여러분, 첫 번째 대결은 마술 왕 매직스의 승리입니다.

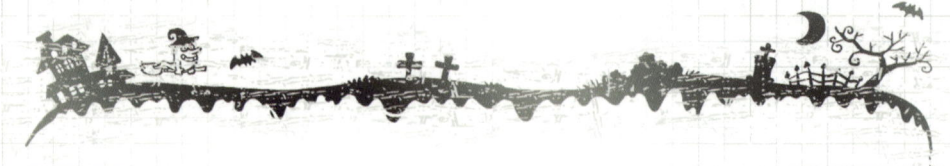

핑크, 패배를 인정할 거죠?"

핑크 공주의 얼굴이 시뻘게졌어.

"아, 네. 당연하죠. 승리의 선물을 드리겠습니다."

핑크 공주가 마술 모자를 벗어 들고 외쳤어.

"매직스! 모자를 잘 봐 주세요. 매직스에게 배운 마술을 돌려 드리겠습니다."

매직스가 흐뭇한 웃음을 지으며 쳐다보았어.

"매직스, 좀 더 가까이 와서 봐 주세요."

매직스가 저벅저벅 걸어와 핑크 바로 앞에 섰어.

핑크 공주는 마술봉으로 모자 안을 푹 찔렀어.

까욱, 소리와 함께 시커먼 까마귀가 날아올랐지.

"으윽!"

눈 깜짝할 사이였어. 까마귀가 날카로운 발톱으로 매직스의 얼굴을 할퀴려고 했어. 놀란 매직스는 얼굴을 감싼 채 주저앉았어.

"괜찮아요?"

 매직스가 고개를 들었어. 그때 화분 할머니의 꽃잎 하나가 똑 떨어졌어. 까마귀가 날아들 때 화분 할머니가 꽃잎을 길게 늘여 매직스의 얼굴을 가려 준 거야. 덕분에 매직스의 얼굴엔 상처 하나 없었지만 꽃잎은 너덜너덜 떨어졌지.
 "할머니를 치료하러 가야겠어."
 매직스는 화분을 들고 일어섰어.
 "매직스, 마술 왕 대회는요?"

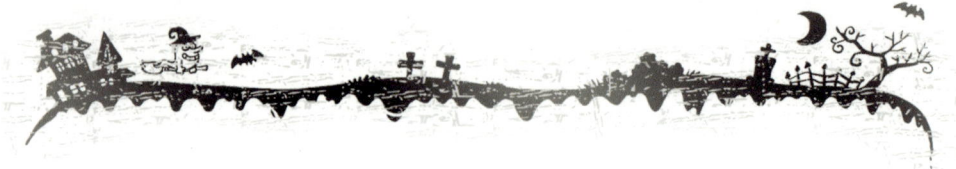

"미안해. 하지만 할머니가 먼저야. 뒷일을 부탁한다, 천재야. 넌 할 수 있어."

매직스는 화분을 안고 황급히 나갔어.

"매직스의 뒤를 이어 마술 왕 대회에 나갈 건가요? 아니면 자동으로 핑크가……."

매직스가 사라지자 사회자가 말했어. 모든 유령의 시선이 일제히 나와 탐정 유령에게 쏠렸지.

으, 어쩌면 좋아? 핑크 공주는 무서운 마녀 눈을 하고 나를 쳐다보았어. 나도 이를 부득부득 갈며 핑크를 노려보았지.

주사위 마술의 정답을 어떻게 알았을까?

주사위의 한 면과 마주한 다른 면의 합은 언제나 7이야. 맨 위에 보이는 면과, 겹쳐진 두 면, 테이블과 맞붙은 면의 합은 14지.

매직스는 핑크에게 주사위를 두 개 겹치라고 하고, 잘 겹쳐졌는지 확인하는 척하며 맨 윗면의 숫자 5를 미리 보았어. 그러고는 14에서 5를 뺀 나머지 9를 종이에 적은 거야. 같은 방법으로 하여, 핑크가 맞힐 정답은 (7+7+7)−4=17이지.

미스터리 수학

마법사로 불린 수학자

1550년에 태어난 영국의 수학자 존 네이피어는 종종 미래에 대한 터무니없는 예언을 했다.

그리고 전쟁 무기 설계도와 그림을 곁들인 예언 책을 저술하기도 했다. 그는 "미래에는 모든 방향으로 총알이 발사될 수 있는 움직이는 총구를 가진 전차와 물속을 헤엄치는 배가 나올 것이다."라고 예언했다. 실제로 시간이 지나 그의 예언과 비슷한 탱크, 잠수함, 기관총 등이 만들어졌고, 이런 그의 상상력과 점성술을 보고 마법사라고 부르는 사람들도 있었다.

어느 날 네이피어는 과학자들이 큰 수를 계산하느라 애를 먹는다는 소문을 들었다. 과학이 점점 발전하여 큰 수를 계산할 일이 많아진 것이다.

네이피어는 과학자들의 수고를 덜어 주기 위해 복잡한 계산을 간단하게 하는 '로그(log) 계산법'을 만들었다. 로그 덕분에 과학자들은 큰 수를 쉽게 계산할 수 있었다.

14

천재와 핑크 공주의
칠교 마술 대결

"두 번째 마술 대결을 시작하겠습니다. 이번에는 핑크 공주가 시작합니다."

무대 뒤로 사라졌던 핑크 공주가 주리의 손을 잡고 뛰어나왔어. 주리도 마침내 핑크 공주의 조수로 마술 왕 대회에 참여하게 되었군. 꿈을 이룬 주리는 함박웃음을 지었어. 그런데 활짝 웃는 입과 어울리지 않게 눈꼬리가 치켜 올라갔지 뭐야. 꼭 요괴……처럼.

소름이 오싹 끼쳐서 주위를 둘러보았어. 숨을 크게 들이마시자 동굴 속처럼 습기 가득한 공기가 기분 나쁘게 들어왔어.

"어둠의 기운이야. 핑크 공주가 마술 왕이 되는 즉시 어둠의 요괴들이 나타나려고 준비하는 거야. 그러니까 네가 지면 우린……."

탐정 유령은 말을 끝맺지 못하고 어깨만 으스스 떨었어.

162

내 어깨 위에 뚱뚱한 유령이 백 명쯤 올라앉은 듯 무거워졌어.

"안천재, 시작한다!"

핑크 공주는 마술봉을 커다란 부채꼴 모양으로 휘둘렀어. 그러자 무대 뒤쪽에 커다란 자석 칠판이 나왔지. 자석 칠판에는 여러 색깔과 모양의 조각들이 흩어져 있었어. 칠교였어. 핑크 공주는 사사삭 손을 재빨리 움직여 다람쥐를 만들었어.

"어때, 귀엽니?"

내가 고개를 끄덕이는 순간 칠교는 진짜 다람쥐로 변해 펄쩍 뛰어 내 얼굴을 할퀴었어. 다람쥐는 다람쥐인데, 발톱이 길고 성질이 고약한 녀석이었지.

저 다람쥐를 이기면 된다는 건가? 나는 칠교로 고양이를 만들었어.

내 고양이는 풀쩍 뛰어올라 다람쥐를 내쫓고 내 발밑에 얌전히 앉아 갸르릉 거렸어.

"흥! 그 정도는 할 줄 알았어."

핑크 공주는 샤샤삭 개를 만들었어. 핑크 공주의 개는 하늘을 보며 컹컹 짖더니 내 고양이를 향해 으르렁거렸지. 가엾은 내 고양이는 바들바들 떨다가 무대 뒤로 달아났어.

"나도 가만있지 않을 거예요."

이번에는 호랑이를 만들었어. 호랑이는 개처럼 으르렁거리지도 고양이처럼 풀쩍 뛰지도 않았어. 하지만 그냥 앉아 있는 자체로 위엄을 풍겼지. 핑크의 개는

눈치만 보다가 배를 보이며 깨갱 항복했어.

핑크 공주는 두 주먹을 쥐고 바들바들 떨었어.

"더는 할 게 없죠? 호랑이는 동물의 왕이니까!"

하하하하! 마술 대결은 삼판이승제! 삼판이승제는 세 판 가운데 두 판을 먼저 이기는 쪽이 승리하는 방식이야. 매직스가 한 번 이겼고, 내가 한 번 이겼으니 이제 끝이야. 우리가 이긴 거…….

"잠깐!"

주리가 앞으로 나섰어. 도대체 주리가 뭘 어쩌려는 거지? 나는 숨을 죽이고 주리의 칠교를 바라보았어.

"호랑이는 사람 곁에 있지 않아. 산에 들어가지."

주리는 칠교로 산을 만들었어. 내 호랑이는 뒤도 돌아보지 않고 산속으로 뛰어 들어갔지.

주리는 웃으며 핑크 공주 옆으로 물러섰어.

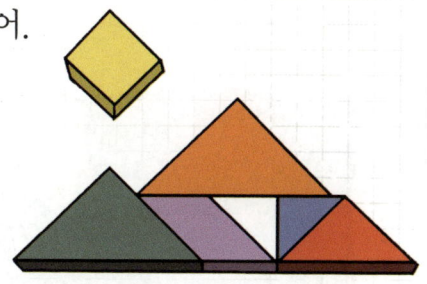

"안천재, 이제 무얼 만들 거지?"

산으로 들어간 호랑이를 불러낼 수 있는 게 뭐가 있지? 아무리 생각해도 생각나지 않았어. 수학도 잘하고 상상력도 풍부한 내가 갑자기 바보가 됐나 봐.

"호랑이가 좋아하는 거, 호랑이가 좋아하는 게 뭐지?"

발을 동동 굴렀지만 머리는 텅 비었지.

"5초 시간 드리겠습니다. 5, 4, 3, 2, 1."

눈앞이 캄캄해지는 5초가 지났어.

"두 번째 마술 대결은 핑크 공주의 승리입니다."

사회자가 핑크 공주의 승리를 공식적으로 밝혔어.

나는 무대 위에 주저앉고 말았어.

"나라면 떡을 만들었을 거야. 호랑이는 떡을 좋아하니까

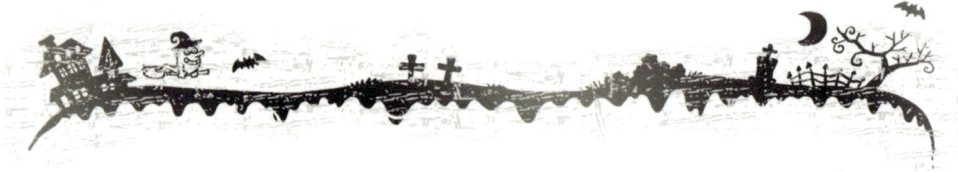

산에서 나왔을 수도 있지."

주리가 말했어. 맞아, 옛날이야기에 나오는 호랑이는 떡을 좋아해서 떡 하나 주면 안 잡아먹는다고 했지. 난 왜 그런 생각이 안 났을까? 후회가 됐지만 이미 늦었어.

다음 마술은 꼭……. **콜록콜록콜록**. 갑자기 기침이 터져 나왔어. 그러고 보니 무대 밑에 검은 안개가 맴돌았지. 몇몇 어린 유령들도 기침을 하며 쓰러졌어. 어둠의 요괴들이 더욱 가까이 다가온 게 분명해!

칠교로 모양 만들기

칠교는 정사각형을 일곱 조각으로 나누어 놓은 판이야. 직각이등변삼각형 5조각과 정사각형 1조각, 평행사변형 1조각으로 구성되어 있어. 이 일곱 조각을 이리저리 움직여 여러 가지 모양을 만들 수 있지.
핑크와 천재처럼 칠교로 모양 만들기 대결을 펼쳐 볼까?
1부터 4까지 숫자를 만들어 봐.

15

지한이의 놀라운 5초 계산 마술

"핑크빛 미소를 날리는 핑크 마술사와 마술 왕 매직스 대신 나온 꼬마 마술사의 마지막 마술 대결을 시작합니다. 마지막 마술 문제는 제가 냅니다. 제가 낸 문제를 먼저 푸는 쪽이 승리합니다."

우우우우, 우우우우. 기괴한 울음소리가 객석에 울려 퍼졌어. 핑크 공주의 승리를 바라는 어둠의 요괴들 소리일까? 소름이 오싹 끼치면서 눈앞이 캄캄해졌어. 이번 대결에서 지면 나쁜 요괴들에게 잡혀 평생 어둡고 냄새나는 요고 감옥에 갇히는 거 아닐까? 절대 그럴 순 없지. 어떻게 하면 핑크를 이길 수 있을까?

조수! 그래 나도 조수를 써야겠어.

"저는 마방진 탐정 유령을 조수로 쓰겠습니다."

탐정 유령이 둥둥 떠 있어야 할 오른쪽 허공을 보며 말했어.

그런데 허공에는 먼지만 둥둥 떠다니지 뭐냐?

"탐정 유령님! 탐정 유령님, 어디 갔어요?"

허공에 대고 불러 보았지만 대답이 없었어.

"위대한 꼬마 마술사 혼자 해야겠구나!"

핑크 공주가 히히히 비열하게 웃었어. 심장이 **콩닥콩닥** 뛰었어. 하지만 정신 똑바로 차리고 혼자라도 해 봐야지.

바로 그때였어. 무대 뒤에서 검은 망토를 두른 마술사 한 명이 불쑥 튀어나왔어. 매직스가 돌아왔을까?

"지한아!"

매직스보다 더 반가운 내 친구 진지한이었어. 나는 지한이 손을 덥석 잡았지.

"여길 어떻게 왔어?"

지한이는 둥둥 떠 있는 탐정 유령을 가리켰어.

"이 오동통한 유령 형이 널 좀 도와 달라고 했어. 자기는 무대 울렁증이 있어서 마술사의 조수를 할 수 없다면서."

"넌 유령이니 마술이니 하는 비과학적인 것은 믿지 않잖아!"

"맞아. 하지만 내 친구 안천재는 무조건 믿거든."

역시 내 친구! 내 절친! 지한이가 곁에 있으면 나는 두려울 게 없지.

"그럼 시작할까요?"

사회자는 무대 뒤의 커튼을 활짝 젖혔어. 그러자 나쁜 요괴의 뿔처럼 생긴 칠판이 드러났지.

"시작합니다."

사회자의 말이 끝나자마자 칠판 위에 스멀스멀 숫자들이 올라왔어.

$$(201+202+203+204 \cdots\cdots +300) - (1+2+3 \cdots\cdots +100) = \boxed{}$$

좋았어! 숫자를 보자마자 나는 승리를 예감했어. 핑크 공주는 수학에 약하니까. 그중에서도 정확한 계산에 아주 약하니까. 핑크의 조수 주리도 수학을 잘하는 편은 아니지. 하지만 우리 편은 진짜 수학 천재 진지한과 수학 우등생 나 안천재!

　핑크 공주는 벌써 분필을 들고 달려들었어.
　"그동안 수학 공부를 열심히 했다고. 세로 식으로 써서 풀어야 하는 것도 안다고."
　주리도 분필을 들고 달려들었어.
　"언니, 괄호 안을 먼저 계산하는 거 알죠? 수학 시간에 배운 것 같아요."
　핑크 공주와 주리는 칠판에 머리를 파묻고 깨알 같은 숫자를 적어 나갔어. 행여 우리가 훔쳐볼까 봐, 손으로 가려 가면서 말이야.
　나와 지한이는 팔짱을 끼고 둘을 바라보기만 했어. 관객들의 눈이 우리에게 쏠렸지.
　"포기한 건가요?"
　사회자가 물었어. 우리는 빙긋이 웃었지.
　"우리 5초 만에 다 풀었어요. 정답은 20000."
　핑크 공주와 주리가 놀라서 뒤를 돌아보았어. 사회자는 미리 적어 둔 정답지를 펼쳐 보였지. 정답지에는 큰 글씨로 '20000'이라고 써 있었어.
　"오! 정확한 정답. 마지막 대결은 꼬마 마술사의 승리입니다. 그러므로 이번 마술 왕 대회의 승리자는 매직스!"

나는 두 손을 번쩍 들고 만세를 불렀어.
"와! 우리가 이겼어."
하지만 핑크 공주의 얼굴은 잔뜩 일그러져 있었지.
"안 돼! 안 돼! 받아들일 수 없어. 절대로 안 돼!"
핑크 공주는 핑크색 망토를 마구마구 흔들었어.
핑크 공주의 망토가 펄럭거릴 때마다 시커먼 까마귀들이 까악까악 튀어나왔지.
까마귀들은 커다란 날개를 펄럭이며 무대와 객석을

날아다녔어. 객석은 순식간에 아수라장이 되었어.
"마술봉을 뺏길 순 없어. 이건 내 거야."
핑크 공주는 마술봉으로 달려갔어. 하지만 마술봉에 손을 대자마자 소리를 지르며 쓰러지고 말았지.
마술봉은 하늘로 붕 날아올랐어.
까마귀들이 마술봉을 잡기 위해 날개를 퍼덕이며 달려들었어. 하지만 마술봉은 용케 까마귀들을 피해 날아오르더니 휙, 순식간에 내 손에 잡혔어. 마술봉이 우승을 한 사람에게 갈 거라더니 스스로 움직일 거라는 말이었나 봐.

"마술봉을 차지했어. 우리가 이겼어."
나는 지한이의 손을 잡고 팔짝팔짝 뛰었어.
"지한아, 네가 아니었다면……. 으, 생각만 해도 아찔하다."

드디어 유령이 된 주리와 어린이들이 집으로 돌아갈 수 있게 되었어. 그리고 나도 이 지긋지긋한 유령 세계를 떠날 수 있게 된 거야.

계산 빨리하기

세 번째 마술 대결의 문제를 빨리 계산하는 방법이 있어. 문제를 잘 살펴보면 그 방법을 찾을 수 있지.

(201+202+203+204 …… +300)-(1+2+3 …… +100)

문제를 잘 보면, 201+202+203 …… 과 1+2+3 ……. 비슷하게 반복되는 숫자들이 눈에 띄어. 이 숫자들을 짝지어 세로셈으로 계산하면 이렇게 정리할 수 있지.

```
  (201+202+203+204 …… +300)
-(  1+   2+   3+   4 …… +100)
───────────────────────────
  200+200+200+200 …… +200
```

즉, 200이 100번 나오는 식과 같아.
그러므로 200×100=20000이 되지.

따라서 (201+202+203+204 …… +300) -(1+2+3 …… +100)의 정답은 **20000**이야.

16

핑크 공주에게 내려진 큰 벌은?

"내 마술봉 내놔!"

핑크 공주는 벌떡 일어나 내게 달려들었어. 나는 마술봉을 높이 치켜들었지만 키가 큰 핑크 공주는 손을 쭉 뻗어 마술봉을 잡으려 했지.

"천재야, 여기!"

지한이가 손을 흔들었어. 나는 마술봉을 냅다 지한이에게 던졌어. 마술봉은 부웅 하늘 높이 올라가 지한이 손에 안전하게 착지! 핑크 공주는 몸을 홱 돌려 지한이에게 달려갔어. 핑크 공주가 지한이를 덮치기 직전에 지한이는 마술봉을 내게 던졌어. 훌쩍 뛰어올라

무사히 마술봉 잡기!
"지금 장난칠 때야? 마술봉으로 핑크를 봉인시켜 버려!"
탐정 유령이 공중에서 붕붕 뛰며 소리쳤어.
"어떻게요?"
"그걸 내가 어떻게 알아? 마술봉 가진 녀석이 알아서 해야지!"

탐정 유령은 언제나 이런 식이라니까. 지한이가 핑크 공주의 다리를 잡고 매달려 시간을 끄는 사이에 나는 마술봉을 들여다보았지. 무슨 주문을 외워야 핑크 공주를 봉인할 수 있지?

바로 그때였어. 느닷없이 주리가 달려들어 마술봉을 움켜쥐었어.

"안 돼. 놔! 주리야, 이게 다 너를 위한 거라고!"

"핑크 언니를 괴롭히게 둘 순 없어!"

주리는 엄청난 힘으로 마술봉을 뺏으려 들었어.

"다들 멈춰요! 마술봉은 주인을 찾아갑니다. 매직스."

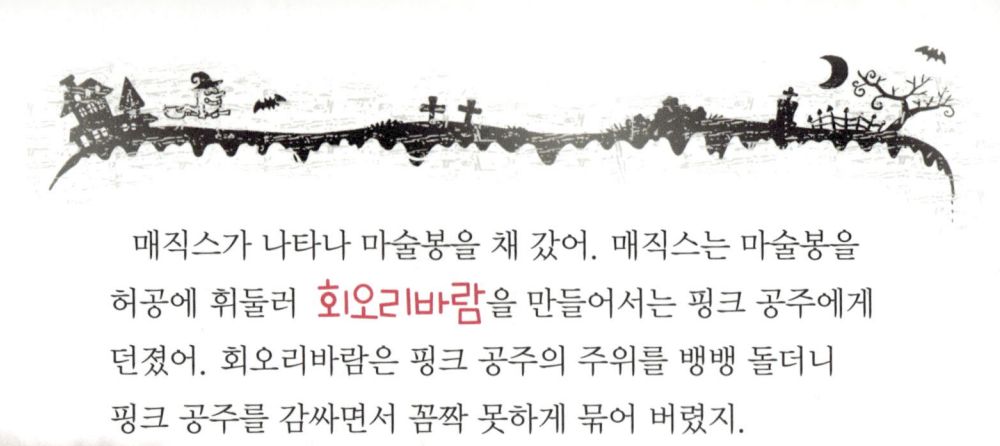

매직스가 나타나 마술봉을 채 갔어. 매직스는 마술봉을 허공에 휘둘러 회오리바람을 만들어서는 핑크 공주에게 던졌어. 회오리바람은 핑크 공주의 주위를 뱅뱅 돌더니 핑크 공주를 감싸면서 꼼짝 못하게 묶어 버렸지.
"아악! 놓아 줘요."
핑크 공주가 소리쳤어.

"핑크 언니. 언니, 괜찮아요? 핑크 언니를 놔 주세요."

주리는 아직도 핑크 공주에게 매달렸어. 핑크 공주에게 단단히 빠진 모양이야.

"안 돼. 핑크는 어둠의 세계로 보내야 해."

탐정 유령은 냉정했어. 물론 핑크 공주는 벌을 받아야 해. 하지만 어둠의 세계는

무시무시한 어둠의 유령들이 모여 있는 곳이래! 아무리 못된 핑크 공주라도 그런데 가면 무서울 텐데.

주리는 매직스에게 매달렸어.

"마술 왕 매직스 님. 핑크 언니를 풀어 줘요. 부탁이에요."

"안 돼요, 매직스. 주리야, 넌 핑크에게 속아서 유령 세계에 온 게 억울하지도 않냐? 무섭지도 않아?"

탐정 유령은 방방 뛰었어.

"전 핑크 언니가 좋아서 온 거예요. 마술보다 핑크 언니가 좋았다고요. 난 아직도 언니가 좋아요. 용서해 주세요, 네?"

핑크 공주는 깜짝 놀란 것 같았어. 멍하니 주리를 쳐다보더라.

"날 좋아했다고? 이렇게 나쁜 짓을 한 나를? 마술 왕이 되려고 너와 아이들을 유령으로 만든 나를?"

핑크 공주의 눈에서 눈물이 주르르 흘렀어.

"언니! 언니 얘기 다 들었어요. 언니는 외로워서 그런 거잖아요. 내가 언니 절친이 됐으니 이제 외로워하지 말고 나쁜 짓도 하지 말아요. 엉엉엉."

주리도 울음을 터트렸어. 나와 지한이와 탐정 유령은

두 여자의 우정을 도대체 이해할 수 없었지.

"얘들아, 난 핑크를 어둠의 세계로 보내지는 않을 거야. 핑크에게 한 번의 기회를 더 줘야지. 물론 핑크에게 벌도 줄 거고."

"어떤 벌을 줄 거예요?"

"큰 벌을 내려 줘요."

나와 탐정 유령이 동시에 외쳤어.

핑크 공주는 사막의 모래를 쓰는 벌을 받게 되었어. 모래에 자국이 나지 않도록 깨끗이 쓰는 거야. 하지만 바람이 조금만 불어도 모래는 날아다니며 자국을 냈지.

"암만 쓸어 봤자 모래가 날리고 또 날리고, 그 모래가

그 모래고……. 언제까지 비질을 해야 하는 거야? 마술로 이 모래를 다 없앨 수 없나?"

투덜거리는 핑크 앞에 스핑크스 유령이 나타나 모래 발자국을 만들었어.

"스핑크스! 날아다니면 안 되니? 모래에 발자국이 생기잖아!"

스핑크스는 피라미드 위에 올라앉았어.

"모래알의 개수를 다 세면 벌을 멈춰 달라고 매직스에게 부탁해 볼게. 그리스의 아르키메데스라는 학자는 우주를 다 채우는 데 필요한 모래알의 개수를 구했더니 8×10^{63} 이더래. 넌 여기 모래알의 개수를 구해 보는 게 어때?"

핑크에게 잘못했다고 후회할 땐 언제고 스핑크스는 또 핑크를 놀렸어. 완전 심술쟁이! 핑크는 스핑크스를 노려보았지.

"아! 미안. 난 네 수학 선생님으로 임명되었어. 그래서 수학 문제를 낸 것뿐이야. 매직스의 수학 시험을 통과하면 벌이 끝나고, 넌 다시 매직스의 조수가 될 수 있어."

"정말?"

핑크의 얼굴이 환해졌다가 다시 어두워졌어.

"큰 수 세기는 너무 어려워. 다른 거 가르쳐 줘."

"좋아. 그럼 막대기를 이용한 수학 문제를 낼게."

스핑크스는 목에 맨 막대기를 꺼내 보였어.

"이 막대기의 한쪽에는 막대기를 6등분 하는 눈금이, 다른 쪽에는 8등분 하는 눈금이 새겨져 있어. 눈금을 따라 막대기를 자르면 모두 몇 개가 생길까?"

"막대기를 줘 봐. 잘라 보면 금방 알 수 있지."

핑크가 막대기를 잡으려 하자, 스핑크스는 막대기를 뒤로 감췄어.

"일단 머리로 생각해서 해결 방법을 찾아 봐. 자르는 건 그 다음에 하자고. 머리 다음에 손. 알았지?"

핑크 공주의 얼굴은 점점 울상이 되었지.

"내게 수학은 너무 어려워. 이건 너무 심한 벌이야!"

"자, 막대기에 눈금을 그려 직접 잘라 봐. 어렵지 않다는 걸 알 수 있을 거야."

스핑크스는 핑크에게 긴 막대기를 쓱 내밀었어. 우리는 멀리서 핑크와 스핑크스의 수학 수업을 보며 킬킬킬 웃었지.

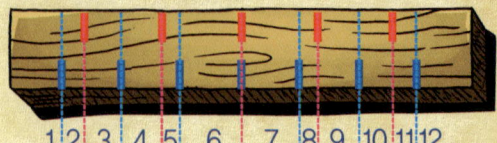

자가 있다면 6등분, 8등분 눈금을 정확히 그려서 나눌 수 있어. 모두 12개의 나무토막이 생기지.

하지만 자가 없어도 알 수 있는 방법이 있어. 긴 막대의 길이 전체를 1이라고 하고 전체를 6등분 하면 나무토막 하나는 $\frac{1}{6}$ 을 의미하게 돼. 마찬가지로 전체를 8등분 하는 눈금을 그리면 나무토막 하나는 $\frac{1}{8}$ 이야. 6등분 한 나무토막을 집합 A, 8등분 한 나무토막을 집합 B로 표시하면 다음과 같이 나타낼 수 있어.

A { $\frac{1}{6}, \frac{2}{6}, \frac{3}{6}$, $\frac{4}{6}, \frac{5}{6}, \frac{6}{6}$ }

B { $\frac{1}{8}, \frac{2}{8}, \frac{3}{8}, \frac{4}{8}$, $\frac{5}{8}, \frac{6}{8}, \frac{7}{8}, \frac{8}{8}$ }

집합 A의 개수는 6개, 집합 B의 개수는 8개인데, A와 B의 공통 원소인 교집합은 '$\frac{3}{6}=\frac{4}{8}$', '$\frac{6}{6}=\frac{8}{8}$' 2개야. 막대기의 눈금대로 자른 나무토막의 개수는 집합 A와 집합 B의 합집합의 개수와 같아. 합집합의 원소 수는 (6+8)−2=12. 그러므로 막대기는 **12토막**으로 나누어져.

숫자로 점을 치는 점술

옛날 점술가들 중에는 숫자로 점을 치는 '수비술'을 하는 사람들이 있었다. 숫자에 신비한 의미가 담겨져 있다고 믿었기 때문이다.

고대 그리스의 수학자 피타고라스도 다음과 같이 숫자에 특별한 의미를 두었다.

> 1은 태양, 자연, 탄생 등을 뜻하는 신의 수.
> 2는 차오르는 달, 무질서, 불행 등을 뜻하는 악마의 수.
> 3은 신의 수 1과 악마의 수 2가 합해진 완전한 수.

피타고라스의 방법으로 점을 치려면, 오른쪽 표를 보고 이름의 알파벳에 해당하는 숫자를 모두 더해 운명의 수를 구하거나 생년월일 숫자를 더해 운명의 수를 구한다. 그 운명의 수가 사람의 성격, 특징, 인생의 방향 등을 알려 준다고 믿었다.

이렇게 숫자로 점을 치는 것이 진짜 믿을 수 있는 일인지를 증명하기는 어렵지만 매우 흥미로운 역사 이야기이다.

1	2	3	4	5	6	7	8	9
A	B	C	D	E	F	G	H	I
J	K	L	M	N	O	P	Q	R
S	T	U	V	W	X	Y	Z	

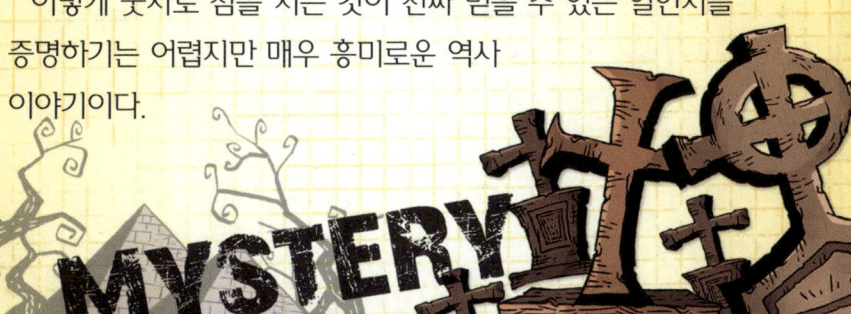

에필로그

또다시 찾아온
탐정 유령과의 이별

이상한 꿈을 꾸었어.
 꿈속에서 곤히 잠을 자다가 이마가 간지러워서 깼는데, 오동통한 유령이 머리맡에 앉아 내 이마를 쓰다듬고 있었어.
 "천재야, 내가 왜 왔는지 알지?"
 유령이 물었어. 나는 고개를 끄덕였지. 꿈속에서는 그 유령이 왜 나타났는지 알 것 같았거든.
 "눈 감아."
 엄마 말 잘 듣는 아이처럼 눈을 꼭 감았어.
 "눈을 감으면 뭐가 보이니?"

오동통한 유령, 핑크색 옷을 입은 예쁜 누나, 할머니 화분……. 무얼 말할까 생각하는데 팟! 느닷없이 전기가 나간 것처럼 까매지는 기억.

학교 앞에 '스핑크스 마술 카페'가 생겼어. 이름이 스핑크스인 형이 마술을 가르쳐 주고, 마술 도구도 팔았지. 마술 카페에 들어간 순간, 나는 익숙한 느낌을 받았어. 전생이 있다면, 나는 전생에 마술사였나 봐.

"마술사 형, 난 전생에 마술사였나 봐요."

스핑크스 마술사 형은 빙그레 웃었어.

"전생은 과학적으로 증명할 수 없어. 그러니 전생에 마술사였단 말은 논리적이라 할 수 없어. 가정이 맞지 않거든."

뭐야? 스핑크스 마술사 형은 꼭 지한이처럼 말하네.

"마술은 뭐 과학적이에요?"

형에게 따지듯 물었어. 형은 또 빙그레 웃었어. 따지는데 웃는 게 어딨어? 따지는 사람 민망하게!

"완벽한 마술을 하려면, 과학적, 수학적, 논리적으로 완벽해야 하거든."

아! 스핑크스 마술사 형의 마술은 공부보다 훨씬

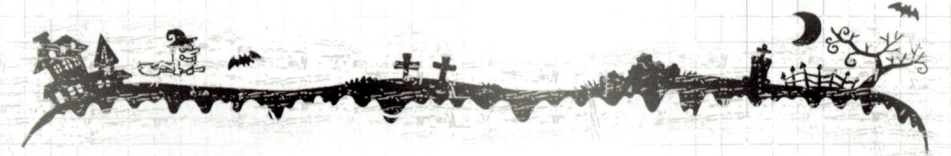

어려운가 봐. 모자에서 토끼가 나오고, 뒤집어진 컵에서 물이 쏟아지지 않고, 촛불이 저절로 꺼지는 마술을 하려면 과학, 수학, 논리 공부를 해야 한다고? 정말 그렇다면 마술사 되기는 포기!

"와! 여긴 정말 멋져요. 굉장히 익숙하기도 해요. 난 전생에 마술사였나 봐요."

주리가 뛰어 들어와 외쳤어.

"완벽한 마술을 하려면, 과학, 수학, 논리 공부를 완벽하게 해야 한대!"

마술사 형 대신 내가 말해 줬어. 주리는 주먹을 불끈 쥐었지.

"난 할 수 있을 거야. 전생에서도 그런 공부를 다 해서 훌륭한 마술사가 되었겠지. 그럼 이번 생에도 할 수 있을 거야."

주리다운 아주 단순한 생각! 마술사 형과 나는 얼굴을 마주 보고 웃었지.

그런데 빙그레 웃는 마술사 형의 얼굴이 자꾸 다른 모습으로 바뀌는 거야. 둥실둥실 오동통한 유령 얼굴이었다가 날렵하고 잘생긴 청년 유령 얼굴이었다가 친절한 할머니 유령 얼굴이었다가 아주 예쁜 누나

유령 얼굴…….

"어? 저 얼굴은……?"

깜짝 놀라 눈을 깜빡이고 다시 보니 스핑크스를 닮은 형의 얼굴로 돌아왔지.

"스핑크스 형, 방금 마술했어요? 얼굴을 유령으로 바꾸는 마술, 그거 했죠? 주리야, 너도 봤지? 저 형 얼굴이 막 바뀌는 거."

주리는 어깨를 움츠리며 고개를 저었어. 왜 나만 이상한 걸 본 거지? 내 눈이 너무 좋은가? 아니야. 툭 하면 유령을

떠올리는 걸 보면 몸이 허해진 거야. 영양제라도 좀 먹어야겠어. 자꾸 유령을 떠올리다가 영화에 나오는 **유령 사냥꾼**이 될까 봐 겁난다니까. 나쁜 유령을 잡아들이고, 유령 세계에서 일어난 사건을 해결하고……. 생각만 해도 몸서리가 났어. 나처럼 여리고, 착하고, 귀여운 초등학생에게 그런 일이 일어나면 안 되지.
안 되고말고!

초등 수학 교과 연계표

수학 개념	본 책	교과 연계 내용	
		학년-학기	단원
계산 빨리하기 (가우스의 덧셈법)	175p	3-1	1. 덧셈과 뺄셈
꺾은선 그래프	59p	4-2	5. 꺾은선 그래프
논리와 추론	115p, 147p	창의 수학	
도형의 둘레와 넓이	71p	5-1	6. 다각형의 둘레와 넓이
배수	27p, 36p, 49p, 62p	5-1	2. 약수와 배수
분수	184p	3-1	6. 분수와 소수
삼각뿔의 전개도	127p	6-1	2. 각기둥과 각뿔
성냥개비 문제	80p	창의 수학	
여러 가지 문제	136p	창의 수학	
우박수 (곱셈과 나눗셈)	137p	4-1	3. 곱셈과 나눗셈
		창의 수학	
일대일 대응	106p	5-1	3. 규칙과 대응
정육면체	158p	5-2	5. 직육면체
칠교로 모양 만들기	167p	창의 수학	
표와 그래프 (막대그래프)	56~57p	4-1	5. 막대그래프